# 날자, 양산!

조문관
에세이

“

조문관은 양산에서 태어나

양산의 미래를 위한

주춧돌 삶을 살아갈 것입니다.

”

날자, 양산!



초판인쇄 2026년 2월 20일
초판발행 2026년 2월 28일
지 은 이 조문관
주 간 배재경
펴 낸 곳 도서출판 작가마을
등 록 제2002-000012호
주 소 (48930)부산시 중구 대청로 141번길 3, 다온빌딩 501호
T. 051-248-4145, 2598 F. 051-248-0723 E. seepoet@hanmail.net

ISBN 979-11-5606-302-5 03810 정가 / 20,000원

# 날자, 양산!

조문관

에세이

# 다시, 운동화 끈을 조여 매며

정치권에 발을 들인 지 어언 20여 년째입니다. 양산시의원, 경남도의원 등 영광의 순간도 있었고 시민들의 성원에 보답하기 위해 밤낮없이 뛰었던 시간이었습니다.

하지만, 영광은 짧고 고난은 길었습니다. 의욕적으로 도전한 시장선거에서, 공천장을 받아들었다가 강탈당하는 폭거를 겪었습니다. 소속 정당의 공천자대회에서 중앙당 지도부와 당원들이 함께 필승결의를 외쳐놓고, 다시 여론조사를 벌여 후보를 뒤바꿔 버린 '날강도 공천'이었습니다.

다음 선거 여론조사에서는, 조사원이 특정 후보 지지를 권유하거나 응답자의 표를 다른 지지자에게 합산하는 등 다양한 조작이 벌어졌습니다. 중앙언론에까지 보도되면서 지역이 들끓었습니다. 또 경쟁 후보 측에서 여러 대의 전화를 동원해 거주지역과 연령대를 맞춤형으로 응답한 '쪽집게 조사' 의혹이 불거졌습니다. 끝까지 불의에 항거했지만, 당 대표부터 공천심사위원, 지역 당직자까지 마주치면 슬며시 눈길을 피할 뿐이었습니다. 상대 없는 싸움이었습니다. 결국 저는 16년간 몸담았던 썩고 썩은 보수정당을 떠났습니다.

정치를 하는 동안에도 저의 본업은 중소기업 경영이었습니다. 우리 경제를 일으키는 동력은 제조업이라는 신념 아래 열심히 일했습니다. 물처리 기계 제작, 자동차 부품 등 주로 쇠를 가공하는 업종이었습니다. "흙은 거짓말을 하지 않는다."고 하지만, 쇠 역시 마찬가지입니다. 어떤 형태로 가공하더라도 본래의 물성物性은 변하지 않습니다. 처음 펴내었던 책 『쇠는 두드릴수록 단단해진다』는 거기에서 나온 제목입니다. 어떤 고난에도 결코 좌절하지 않고 다시 일어서겠다는 의지의 표현이었습니다.

그러나, 8년 전 뜨거운 박수 속에 우리 당에 입당하고도 불행은 이어졌습니다. 여론조사 선두권을 달리다 석연찮은 이유로 공천심사에서 배제되었습니다. 이런저런 소문만 무성했을 뿐, 이유도 몰랐습니다. 이유라도 알고 싶다, 소명 기회라도 달라고 호소했지만 어느 누구도 답변조차 해주지 않았습니다. 구체적 내용도 없는 음해성 녹음파일이 공천심사위원회에 제출되었다는 사실을 한참 후에야 전해들었습니다.

억울한 마음, 아쉬움과 원망이 왜 없었겠습니까만, 모든 것을 접었습니다. 불행도 한두 번이야 우연일 수 있지만, 잇달아 닥친다면 나 자신의 잘못이라 생각하고 정치권에서 한 걸음 물러나 경영 일선으로 돌아갔습니다.

### ○ 불운도 불행도, '내 탓이오' 접어두고

차라리 홀가분했습니다. 아내와 친인척들의 얼굴에 웃음이 돌아왔습니다. 일에 전념하다 보니 경제적으로도 여유가 생겼습니다. 그런데, 어느 날부턴가 마음이 무거워지기 시작했습니다. 정확히는, 문재인 대통령께서 퇴임 후 양산으로 돌아오신 이후부터였습니다. 양산이 배출한 대통령이 직무를 무사히 마치고 다시 시민으로 돌아왔으니, 지역민들의 자랑이었습니다.

하지만, 평산마을에 입주하자마자 문 대통령이 마주한 것은 치하致賀나 환영 인사가 아니었습니다. 전국에서 극우 태극기와 유튜버들이 몰려와 확성기를 들이대고 혐오 발언을 넘어 저주를 쏟아부었습니다. 신상에 대한 위협과 극언이 온 마을을 덮었습니다. 그같은 저주의 굿판을 보면서, '전직 대통령 보유 도시'라는 자랑스러움 대신, 지켜드리지 못하는 죄송함이 고개를 들었습니다. 심지어 양산시와 의회 등 지도층도 보수와 진보로 나뉘어 어느 한쪽에서는 새해 인사조차 드리지 않는다는 이야기까지 들려왔습니다.

그러는 사이 계엄 내란이 터졌습니다. 지역사회도 우파 좌파로 나뉘어 서로 눈길도 마주치지 않는 분위기였습니다. 우리 양산에, 언제부터 극우 극좌가 있었습니까. 정치 지향이나 정당 정서가 달라도, 지역 중대사는 선 · 후배, 형님 동생 격의 없이 지혜를 모으던 고장이 왜 이렇게 변했을까요?

### ○ 양산이 배출한 대통령을 악마화하다니?

반성이나 내란세력과의 절연 대신 '윤 어게인'에 목소리 높이는 보수집단을 바라볼 때는 분노보다 차라리 안쓰러웠습니다. 후배들도 '형님' 역할을 요구하며 채근을 했습니다. 정치에서 발을 뺐다는 구실로 시선을 돌리고 있어도 되는 걸까, 고민이 깊어졌습니다.

그 와중에 가슴 아픈 소식을 접했습니다. 김혁규(1939~2025) 전 경남지사의 부음訃音이었습니다. 여든 일곱이라면, 그리 애달픈 향년享年은 아닐지 모릅니다. 그러나 생전 가까이 지내며 그분의 꿈을 알고 있던 저로서는 '참 쓸쓸한 만년晩年이었다'는 안타까움을 지울 수 없었습니다.

그는 미국에서 성공한 사업가였습니다. 야당 시절의 김영삼 대통령 권유로 모든 것을 접고 귀국해 경남지사에 당선했습니다. 행정에 최초로 '경영' 개념을 도입해 공직사회 전반에 혁신의 계기를 만들었습니다. 노무현 대통령의 성공을 돕고자 그동안 쌓은 정치적 업적을 버리고 합류했다가, 보수진영에서는 배신자로 매도되었고 진보진영에서는 텃세에 발목이 걸려 자리를 잡지 못했습니다. 2007년 다시 미국으로 떠났으니, 20년 가까이 외로운 말년을 보내다 타계한 것입니다.

김 전 지사를 추모하면서, 그분은 임종 때 어떤 생각을 했을까, 당신이 간절히 바꾸고자 했던 우리 정치에 회한悔恨은 없었을까, 생각이 많아졌습니다. 오랜 상념에 젖었다가, 정신이 번쩍 들었습니다. '그러면 나는?' 하는 데에 생각이 미쳤던 것입니다.

정치는 개인의 출세 문제가 아니라, 더불어 사는 사람들과 공동선共同善을 추구하고 실현해 가는 일입니다. 지금처럼 뒷전에서 일신의 안락함을 추구하며 늙었다가는, 후회와 아쉬움만 남기게 될 거라는 두려움이 솟았습니다.

우리 양산은 지난 10여 년 동안 크게 성장했습니다. 다만 택지개발 등 외형성장에 따른 인구 유입이 늘었을 뿐, 그다지 실질적인 변화가 없습니다. 인구증가로 몸을 불리는 외형성장에는 한계가 있습니다. 몸집만 크고 심장은 약한 체질 허약 도시로 전락할 위험도 큽니다. 바람직한 도시 성장은 인구 유입 정책이 아니라 우수 기업 유치와 좋은 일자리 창출을 통해 이뤄져야 합니다. 양질의 일자리가 차고 넘치면, 사람은 저절로 모여들고 지역경제도 살아날 것입니다.

'대통령 보유 도시'였을 때에도, 우리는 그 힘을 빌려 성장동력을 만들지 못했습니다. 하지만, 흘려보낸 시간을 아쉬워만 할 것이 아니라, 새로운 기회를 만들고 붙잡아야 합니다. 아직도 기회는 있습니다. 지방자치제 아래에서 중앙정부가 머리라면 광역 시 · 도는 몸통, 기초단체는 팔다리에 비유할 수 있습니다. 중앙과 지방이 마음을 모으고 손발을 맞춘다면 어떤 일도 해낼 수 있습니다.

우리 양산은 지리적으로 주변 도시들과 비교를 불허하는 탁월한 입지여건을 갖추고 있습니다. 포화상태에 이른 대도시 부산과 울산, 거대 권역의 경남도를 모두 접한 유일한 도시입니다. 문재인 정부 시절 활발히 추진되다 윤석열 정권에서 멈춰 버린 부 · 울 · 경 통합에 다시 시동이 걸리고 있습니다. 부산의 배후도시 사송 신도시, 산업도시 울산의 지원기지 웅상지역, 경남의 관문도시 물금신도시를 기능과 입지에 맞는 특화도시로 육성해야 합니다.

### ○ 늦지 않았다, 양산을 위한 최고 · 최후의 기회

특히 이재명 대통령의 국민주권정부는 수도권에 집중된 '1극 체제'를 개선하고 지방을 살리기 위해 '5극 3특' 정책을 추진하고 있습니다. 지난 1월 23일 김정관 산업통상부 장관이 참석한 부 · 울 · 경(동남권) 시 · 도지사 간담회에서는 동남권 성장엔진 산업군 선정 방향과 육성전략이 논의되었습니다. 주력산업으로는 조선, 자동차, 우주항공, 이차전지, 수소, 석유화학, 철강 등 분야가 논의되었습니다. 자세히 보면 울산, 사천, 거제, 부산 등이 중심도시이고 우리 양산과는 접점이 별로 없습니다. 또 이들 지역을 유기적으로 연결할 배후물류 네트워크도 취약합니다. 아직도 2백만 평 가까운 여유부지를 가진 물금에 대규모 유통물류단지를 건설한다면, 장차 동북아 물류의 시발점이 될 것입니다. 거기다 부 · 울 · 경을 접한 트리플 신도시(웅상, 사송, 물금)의 핵인 원도심은 3개 시 · 도 통합행정청사 건설의 적지입니다. 우리 양산의 균형발전은 물론 부 · 울 · 경 통합의 시너지를 극대화할 수 있는 합리적 방안입니다.

이를 위해서는 가장 먼저 극한 대립의 지역정서를 하나로 모으는 화합의 용광로에 불을 지펴야 합니다. 하나 된 양산, 열정과 활기 가득한 양산, 그리하여 미래를 향해 날개를 활짝 펴는 양산을 만들어 후손들에게 물려주어야 합니다.

이것은 단순한 꿈이 아니라, 오늘을 사는 우리 세대에게 주어진 책무입니다. 다시 없을 마지막 기회입니다. 김혁규 전 지사의 부음을 듣고 고민하다가, 파부침주破釜沈舟라는 고사성어를 떠올렸습니다.

장수가 솥을 깨고 배를 가라앉혀, 돌아갈 곳을 없애고 전쟁에 임한다는 뜻입니다. 같은 심정으로, 저도 그 동안 운영하던 회사를 완전히 정리하고 정치현장으로 돌아왔습니다. 남은 삶에 더 이상 후회나 아쉬움을 남기는 양산인이 되지 않겠다는 각오로 운동화 끈을 다시 조여 매었습니다.

그런 점에서, 이 책은 한동안 소원했던 동지들, 시민들께 올리는 안부 편지이자 저의 각오를 다지는 '마음의 출사표'입니다. 『쇠는 두드릴수록 단단해진다』를 다듬고 고쳤습니다. 다시는 실망을 드리지 않겠습니다. 저 조문관 변함없는 열정과 뚝심, 평생의 경륜을 모두 양산을 위해 쏟겠습니다. 늘 성원하고 기억해 주신 동지, 시민 여러분 감사합니다.

2026. 2

조문관 에세이

## 제3부 • 양산의 꿈, 양산의 날개



## 제4부 • 양산, 잊혀진 제국 '가야'의 블랙박스

## 조문관 에세이

제1부

# 양산의 얼, 양산의 정신

# 독립지사 윤현진 선생

"관아, 문관아! 퍼뜩 와서 저녁 묵어라!"
"영옥아, 밥 때 되믄 알아서 안 들어오고 머하노?"

해가 뉘엿뉘엿 오봉산에 걸리는 저녁 으스름이면, 마을에서는 집집마다 밥 짓는 연기가 피어오른다. 때맞춰 울타리 너머로는 아이들 부르는 소리가 골목으로 퍼져 나갔다.

서정주 시인은 '자화상自畵像'이라는 시詩에서 "스물 세 해 동안 나를 키운 건 팔할八割이 바람이다."라고 노래했다.

비유하자면, 나를 키워 주신 분은 온전히 부모님이지만, 내 마음을 키운 건 팔할이 춘추공원이었다. 내가 태어나 자란 곳은 '읍내'에서 국계다리 건너 교동마을이다. 집은 춘추공원 끝자락의 울창한 숲 속에 있었다. 강 건너편에서는 지붕도 보이지 않을 정도였다. 1022 지방도 확장 당시 통째로 수용되어, 지금은 춘추공원 주차장 입구의 4차선 도로로 변했다.

집이 춘추공원과 붙어 있다 보니, 공원이 뒷마당 겸 놀이터였다. 학교에 다녀오면 책 보따리를 마루에 던지기 바쁘게 공원으로 달려 올라가 해가 저물도록 놀곤 했다. 저녁밥을 안쳐 낙엽이나 솔잎으로 불을 넣은 어머니가 부르는 소리를 몇 번씩 듣고서야 집으로 돌아가는 것이 일과처럼 되었다.

집에서 멀리 떨어져 놀다 부르는 소리를 듣지 못하는 날은 형님이 잡으러 올라오기도 했다. 나는 7남매 중 여섯째인 데다 형님과도 여섯 살이나 터울이 벌어졌다. 투덜거리며 산을 올라온 형님에게 뒷덜미를 잡히면, 고분고분 끌려 내려오는 수밖에 없었다.

어린 시절 윤현진 선생 기념비 앞에서

## '비석간碑石間'의 주인공 윤현진 선생

어떤 날은 어머니가 직접 공원에 올라오기도 했다. 집 뒤 '비석간' 담벼락에 걸터앉았다 들키기라도 하면, 자상한 어머니도 무서운 형들보다 더 엄한 얼굴로 타이르곤 하셨다. 비석간은 어떤 '옛날 비석'의 사방을 빨간 벽돌담으로 둘러놓은 곳이었다.

"문관아, 이 비석 주인은 나라에 큰일을 했던 윤현진이라는 훌륭한 분이다. 니한테는 외할아버지 비슷한 할밴기라. 버릇없이 자꾸 담에 올라타고 했다가는 혼날 줄 알아라."

몇 번 꾸중을 듣고 나서는 비석간을 다른 눈으로 바라보게 되었다. 파평 윤씨尹氏인 어머니가 '외할아버지 비슷한' 할배라고 말씀하신

윤현진 선생의 청년시절

후로, '현진 할배'라고 마음속으로 가만히 뇌어보기도 했다. 지나가는 사람이 없으면 슬며시 비석 앞에 두 손을 모으고 서서 어머니가 하시던 대로 합장을 올린 적도 더러 있었다. '나도 자라면 저 할배처럼 나라와 국민을 위해 큰일을 하는 사람이 돼야지' 생각하면 가슴속에서 뜨뜻한 그 무엇이 솟아올랐다.

비문은 한글과 한문을 섞어 새겨, 초등학생은 제대로 읽을 수도 없었다. 하지만 띄엄띄엄 한글 부분과 고학년에 오르면서 겨우 배우기 시작한 몇몇 한자를 끼워 맞춰 대강의 뜻은 짐작할 수 있었다. 3.1운동과 더불어 거액의 독립자금을 내놓고 전국에서 자금을 모아 상해임시정부에 전달하는 등, 대한독립에 힘쓰다 젊은 나이에 돌아가셨다는 내용이었다. 한 살씩 나이가 들어감에 따라, 해석할 수 있는 비문의 내용도 그만큼씩 늘어났다.

물론, 비석의 주인공 윤현진(尹顯振, 1892~1921) 선생의 자세한 업적을 알게 된 것은 한참 훗날의 일이다. 선생의 본관은 파평坡平, 호는

주변을 정비한
윤현진 선생 기념비의 현재 모습

우산右山, 아버지는 필은弼殷으로 상북면의 만석꾼 집안이었다. 도쿄東京 메이지대학明治大學 법과에 유학하고 돌아와 항일 청년 비밀결사인 대동청년당에서 활동했다. 의춘학원宜春學院을 설립해 고향 후진들의 독립사상을 고취하는 데도 힘썼다.

또 백산白山 안희제(安熙濟, 독립운동가, 1855~1943) 선생과 함께 협동조합 의춘상행宜春商行을 설립해 농촌경제 부흥운동을 펼쳤고, 부산의 백산상회 경영에도 참여해 독립군의 연락과 자금지원을 도왔다. 1919년 3 · 1운동에 이은 양산 장날 만세시위 이후 곧바로 상하이上海로 망명했다. 다음 달 대한민국임시정부 수립과 함께 20대 중반의 청년으로 초대初代 재무차장, 지금의 재무부차관을 맡고 미국 선교사를 통해 고향집에서 당시로서는 거액인 30만원을 가져와 임시정부에 헌납하기도 했다. 임시정부 재무위원장 · 내무위원을 지내면서 독립운동 자금모집에 앞장섰다.

## 스물아홉에 요절한 '양산의 정신'

이렇게 조국독립에 헌신하던 선생은, 불과 스물아홉의 나이로 열병에 걸려 서거했다. 그가 요절하자 일본의 〈아사히 신문朝日新聞〉은 '형극의 배일排日 수완가手腕家 윤현진의 사死'라는 제목으로 "그의 죽음은 임시정부의 패망"이라고 논평했다. 일제가 선생을 얼마나 불편한 인물로 여겼는지 짐작하고도 남을 기사이다. 선생은 임시정부의 국장으로 상하이 정안사静安寺 외인묘지外人墓地에 안장되었다. 1962년 건국훈장 국민장이 추서되었다. 유해는 70여 년 만인 지난 1995년 국내로 봉환奉還되어 현재 대전국립묘지에 모셔져 있다.

나는 자라는 동안, 그리고 정치를 시작한 후 언제나 마음에 '현진 할배'를 담고 있었다. 초등학교 시절 양산장 근처에 들어왔던 가설극장이 종종 독립군 이야기를 다룬 영화를 상영한 데에서도 영향을 받았다. 주인공을 바라보면서 '현진 할배'와 같은 분들이라는 생각을 하곤 했던 것이다.

2001년, 도의원이 되어 가장 먼저 계획한 일도 윤현진 선생 현양사업이었다. 추진과정에 조사를 해보니, 만석꾼이었다던 윤열사의 집안은 독립자금 헌납과 일제의 탄압으로 완전히 몰락해 양산을 떠나고 없었다.

마침 양산의 원로로 정정하게 활동 중이신 권성찬 선배님(87, 양산초등 40회)을 통해 후손의 행적을 더듬을 수 있었다. 윤열사의 부인과 손자손녀들이 읍내 '구세치과' 근처에 살다가 60년 전쯤 서울로 이사했다는 말씀이었다.

"나도 너무 어릴 때라 정확히 알지는 못하지만, 집이 이웃이고 윤현진 선생 손녀인 '금희'가 동갑이어서 그나마 어렴풋이 기억하고 있지. 정말 사정이 어려웠어. 윤현진 선생이 임시정부에 헌납했던 돈이 지금 가치로 500억이었다고 하니 집안을 완전히 정리해 독립자금으로 넣었던 거야."

## 독립운동하면 삼대가 망한다더니...

선배님의 기억에 의하면, 윤현진 선생의 부인은 늘 손에 바가지가 들려 있었다고 한다. 이리저리 양식을 꾸러 다닌 것이다. 손끝이 야물어 온 동네 삯바느질을 도맡다시피 했지만 식구가 많아 끼니조차 때우기 어려웠다는 말씀에 눈물이 돌았다.

만석꾼 집안의 며느리로 혼인을 했으니, 부인 또한 귀하게 자란 규수였을 것이다. 분가한 지 얼마 지나지 않아 신랑은 독립군이 되어 상해로 망명하고, 집안은 풍비박산 나고 말았다. 일경日警들의 모진 고초와 감시를 견디며 홀로 두 아들을 길러 냈을 그 신산한 삶이 그림처럼 떠올랐다.

가정사 또한 불행했다. 윤현진 선생의 맏아들은 양산에서도 이름났던 수재秀才로, 김영삼 전 대통령과 서울대 동기였다. 집안을 다시 일으켜 세울 기대를 한 몸에 받았는데 한국전쟁 당시 실종되어 영영 소식을 모르게 됐다고 한다. 둘째 아들은 결혼 후에도 어머니와 함께 살았지만 경제적으로는 무능했던 모양이다. 1950년대 말 무렵 정부에서 독립운동가 후손 배려 차원의 취업을 알선한 적이 있었다고 한다. 대구의 전매서 간부로 특채됐다가 성품이 여려서 곧 스스로 사직하고 말았다. 윤의사의 부인은 손자손녀들이 정부 배려로 농협, 상업은행 등 금융기관에 취업해 집안 사정이 조금 펴질 무렵 세상을 떠났다고 한다.

윤의사 부인과 후손들이 살았던 구세치과 옆 현장을 찾아가 보니,

윤현진 선생 고택 터

집 구조는 여러 번 수리된 상태였지만 본채의 뼈대는 옛 한옥의 모습을 유지하고 있었다.

사들여서 손을 보면 윤열사의 기념관을 꾸릴 수 있겠다는 판단이 섰다. 나는 경남도 예산부서와 입씨름을 하다 김혁규 당시 경남지사께 호소해 마침내 10억 원의 예산을 받아냈다. 그리고, 어렵게 알아낸 전화번호로 다이얼을 돌렸다.

"여보세요, 윤석우 선배님이십니까, 윤현진 선생님 손자 분 되시죠?"

"예, 그런데 누구십니까?"

수화기 너머에서 양산 사투리가 섞인 중년의 목소리가 흘러 나왔다. 나는 "선배님, 양산 출신 경남도의원 아무갭니다." 정중히 인사를 드렸다. 춘추공원에서 자라며 어릴 적부터 '현진 할배'를 존경했다는 점, 도비道費로 옛집을 매입해 기념관을 마련하고자 한다는 점 등을 소상하게 설명했다. 선배님은 연신 "고맙습니다, 감사합니다."를 되풀이했다. 고향 양산이 할아버지를 잊지 않고 기념관을 마련한다니, 집안에 보존 중인 할아버지의 유품들을 모두 기증하겠다고 밝혔다.

그러나 얼마 후, 분위기가 이상하게 돌아가기 시작했다. 양산시 집행부가 추모사업에 소극적이라는 소문이 들리더니 예산이 경남도에 반려되었고, 사업도 추진되지 않았다.

나는 다시 전화를 걸어 선배님께 정중히 사과를 드려야 했다. 고향에서의 부끄러운 '정치적 결정'을 소상히 설명할 수도 없었다. 다만 도지사가 약속했던 예산을 받지 못하게 됐노라고, 애꿎은 경남도에 덤터기를 씌웠다. 지금 생각해도, "젊은 도의원의 생각이 남다르다."고 격려하며 선뜻 예산을 지원해 주었던 김혁규 전 지사께 죄송할 따름이다.

## 상처 안고 떠난 상하이 유학길

세월이 흘러 2006년, 시장선거 공천에서 고배를 마셨다. 국회의원이 지역 반발을 무시하고 경쟁력 없는 후보 낙하산 공천을 강행한 선거였다. 유권자들은 '시민연대'를 결성해 맞섰다. 시장 후보 대 시장 후보의 싸움이 아니라, 시민들과 국회의원의 싸움이었다.

나는, 선출직 공직자公職者라면 골고루 잘 사는 시민(유권자)의 삶과 지역발전을 그 어떤 가치보다 앞에 두어야 한다고 믿는다. 반대로, 아무리 취지가 좋아도 공익을 해치거나 예산을 낭비해 소수에게 이익이 돌아가는 일이라면 자리를 걸고라도 막아야 한다. 더욱이, 지방의회의 가장 큰 권한이자 의무는 집행부를 견제 감시하는 일이다. 시市 정책이나 사업에서 같은 당 시장의 편만 든다면, 공직자가 아니라 '표票 장사꾼 집단'으로 전락하고 말 것이다. 그러나 나름대로 소신을 가지고 적극적으로 활동한 것이, 소속정당에 '미운 털'이 박히는 결과가 된 사실을 그때는 알지 못했다.

시민들의 편에서 선거를 치른 후, 중국 상하이행 비행기에 올랐다. 거대시장으로 떠오른 중국을 알고, 언어연수라도 해두자는 생각에 유학길에 나선 것이다. 대학생인 아들에게도 권유해 상하이 동제대학에 개설된 2년 과정 언어 · 문학 과정에 등록했다.

## 윤현진 선생의 족적足跡을 따라서

상하이에 머무는 동안 공부 말고는 할 일이 없었다. 아직 말도 잘 통하지 않고 길도 낯선 처지라 더 그랬다. 생각지도 못했던 다른 이유도 있었다. 아들과 함께 등록한 그 학교는 매달 시험을 치르고 나면 성적과 등수等數가 복도 게시판에 나붙는다는 사실이었다. 반은 달라도 같은 복도를 드나드는 아들에게 창피를 당해서는 안 될 일이었다. 어느 날 슬며시 물어보니, 아들도 같은 부담감에 나름 열심히 공부를 한다고 했다. 덕분에 둘 다 성적은 그런대로 괜찮은 편이었다.

아들과 서로 속 깊은 대화를 나누고, 부자父子간으로 때로는 남자대 남자로 가까워진 것도 유학 덕분이다. 자식이라고는 하나 뿐인데 초등학교 때부터 사업이다 정치다 해서 밖으로만 돌았으니, 그때까지 녀석에게는 아버지와 함께 한 특별한 추억이라곤 없었다. 2년을 함께 먹고 자며 '룸메이트'로 지낸 덕분에, 많은 부분을 서로 공유할

상해 임정 청사

수 있게 되었다.

아들과 함께 바깥바람을 쐬는 날이면, 목적지는 대개 정해져 있었다. 상해 임시정부 청사, 그리고 정안사靜安寺라는 중국 사찰과 외국인 묘역墓域이었다.

옛 임시정부 청사는 상하이의 중심가인 신천지 구역에 있었다. 학교와도 가까웠다. 자전거로 20분 남짓 이어서, 아들과 두런두런 얘기를 나누며 페달을 젓다 보면 어느새 붉은 벽돌건물이 눈앞에 나타난다. 아쉬운 점은, 윤현진 선생이 활동하던 시절의 청사는 아니라는 사실이었다. 현재 보존된 임정청사는 선생 사후死後인 1926년부터 1932년 윤봉길(尹奉吉, 본명 윤우의-禹儀, 1908~1932년) 의거 때까지 사용했던 곳이다. 이후로는 민간주택으로 사용되다 1990년 국내 기업 지원과 한중 양국 협의를 거쳐 내부가 복원되었다가 2001년 한 차례 더 정비작업을 거친 상태였다.

건물은 현지인들의 연립주택이 다닥다닥 맞붙어 있는데, 스쿠먼

(石庫門)이라는 상하이 고유 건축양식의 낡고 허름한 외관이다.

한국 사람들이 줄줄이 찾아오자 주민들의 민원에 그 일대 재개발 계획까지 겹쳐 관람객 냉대가 심했다. 그래도 이 유적은 백범白凡 김구(金九, 1876~ 1949년) 선생이 임정 국무령을 맡으면서 마련한 뜻 깊은 공간이고, 살아서 귀국할 수 없다는 생각에 조국의 두 아들에게 자신의 삶을 전하기 위해 『백범일지』를 집필했던 장소이다. 이곳을 찾을 때마다, 윤현진 선생의 치열한 삶이 이어진 유적이라 여기며 입구에서부터 경건한 마음이 되곤 했다.

중국인들이 그저 '성가신 존재'로 여기던 상해 임시정부 청사의 인식에 변화의 전기가 마련된 것은 세월이 한참 흐른 후인 올해(2026) 초였다. 이재명 대통령의 중국 방문을 통해서였다. 2015년 9월 중국 전승절戰勝節 행사에 박근혜 대통령이 참석하면서 우호적인 분위기가 무르익었던 한중관계는, 2017년 사드 배치와 중국의 한한령限韓令으로 이어지면서 오랫동안 냉기류에 감싸여 왔다. 특히 윤석열 정권은 혐중 분위기를 한껏 고조시켜, 한중관계는 계속 악화 일로를 걸어온 터였다.

거기다 중 · 미관계도 최악으로 치닫고 있었고, 일본의 신임총리 다카이치가 "대만 침공시 참전" 발언으로 중국을 자극해 동북아 전체가 일촉즉발의 위기상황이었다. 이런 상황에서 이루어진 이재명 대통령의 중국 국빈방문은 세계적인 주목을 받았다. 더욱이 이대통령은 중국 일정에 이어 곧바로 일본을 방문하기로 되어 있었다. 이 대통령의 방중은 단순한 외교 행보가 아니라 미 · 중 · 일 사이의 살얼음판에 올라서는 형국이었던 것이다.

미국부터 곱지 않은 시선을 보냈다. 야권에서는 시진핑 중국 주석에게 굽신거리는 '쎄쎄(谢谢) 외교'로 국격을 낮추고 한 · 미 동맹을 악화시킬 것이라고 비아냥거렸다. 그러나 반전의 연속이었다. 이 대통령은 서해 경계 획정, 한한령 등 현안에 당당한 목소리를 내면서도 경주 아시아태평양경제협력체(APEC) 총회 때 시 주석에게서 선물 받은 샤오미 핸드폰으로 양국 정상 부부의 '셀카'를 제안하는 친화력으로 대륙 인민들의 마음을 사로잡았다. 미 · 일을 편들어 중국을 화나게 하지도 않았고, 굴종 외교로 한 수 접고 들어가지도 않았다. '안보는 미국, 경제는 중국'이라는 실용외교의 최고 성과를 거두어들였다.

공식 일정이 끝난 후에도 각국 언론은 스토커처럼 대통령을 뒤쫓았다. 그 첫 행보가 1월 7일 상하이 대한민국 임시정부 청사 방문이었다. 특히나 올해는 상해 임시정부가 청사를 현재의 위치로 옮긴 지 100년을 맞는 해여서 의미를 더했다. 주민 수천 명이 몰려나와 교통이 마비될 정도로, 관심이 뜨거웠다고 한다.

"대한민국이 시작된 이 곳, 선조들의 숭고한 헌신을 기억하고 지키겠습니다."라는 방명록 기록은, 대통령과 국민 모두의 다짐이었다. 대통령은 이어서 "임정 청사나 독립운동 유적지는 외국에 있지만 정말 소중한 문화유산이다. (관리보존을) 저쪽의 호의에만 기대는 건 문제가 있다."고 지적하며 "외교부가 중국 정부와 한국 정부간 일종의 보전 협약이라든가 양해(각서)를 협의해보라."고 주문했다. 가슴 뜨끔한 무리도 있었을 것이다. 바로 일본이다. 우리 대통령의 방문 일정이 다가오는데도 들으라는 듯이 "다케시마는 일본 땅"을 되풀이한 그들에게 날린 묵직한 한 방이었다.

지금도 중국 현지인들의 임시청부 청사 방문이 줄을 잇고 있다고 한다. 수백 년 동안 담장을 넘어와 안방을 기웃거리던 '나쁜 이웃' 일본에 대한 공감共感이 아닐까. 상해 임시정부 청사가 길이 보존 관리되어 우리 국민과 세계 시민들에게 역사의 교훈을 아로새기고, 만행의 당사국 일본에게 반성과 참회의 길로 이끄는 문(門)이 되기를 바랄 뿐이다.

정안사 역시 윤현진 선생과 특별한 인연이 있는, 역사가 2천년 가까운 고찰이다. 삼국시대 오吳나라(238~251년)가 세운 절로, 중원사, 중운사 등의 이름을 가졌다가 북송北宋 태종 원년(1008년)에 장안사로 개칭했다고 한다. 원래는 우쑹강吳淞江 북쪽 강변에 있다가, 남송南宋 시대 강이 넘쳐 지금의 난징시루(南京西路)로 옮겼다. 원나라(元, 1271~1368년)와 명나라(明, 1368~1644년) 시대 여러 번 중건하고 청나라 때인 1880년 다시 지은 절이다.

60년대 문화혁명 때 파괴된 것을 1984년부터 6년간 보수해 1990년부터 일반에 공개하고 있다. 2000년에 다시 개·증축하면서 전통미가 사라져 사원寺院보다는 관광단지 분위기로 바뀌었다.

## 유해마저 떠돌았던 독립지사들의 운명

나의 관심사는 '오나라 고찰' 정안사가 아니라 그 절에 딸렸던 외국인 묘지였다. 1910년대 일본의 제국주의 야욕이 아시아를 휩쓸었지만, 1842년 '아편전쟁'에 패한 중국은 홍콩을 영국에 넘겨주었고, 상하이는 곳곳에 영국, 프랑스, 미국, 일본 등의 조계지租界地가 들어서 외국인들의 활동이 비교적 자유스러웠다. 덕분에 아시아 각국 독립 운동가들의 요람 역할을 했다. 우리 임시정부가 상하이에 자리 잡은 것도 같은 맥락이었다.

특히 정안사는 사찰 공동묘지의 한 구역을 할애해 외국인 묘지를 조성해 주었다. 그 일부가 문화혁명과 도시 재개발 때문에 송경령(宋慶齡, 혁명가 손문孫文의 아내) 능원이 있는 홍차오루(虹橋路)의 만국공동묘로 옮겨졌는데, 윤현진 선생도 이때 함께 옮겨졌다가 귀국 후 조국에서 영원히 잠들게 된 것이다.

만국공묘 외국인묘역 표지석

나는 윤현진 선생의 족적足跡을 더듬는 심정으로 임정 청사-정안사-외국인묘역-만국공묘 코스를 여러 차례 둘러보았다. 만국공묘 외국인 묘역은 잔디밭에 줄지어 놓인 묘지석 사이 드문드문 한국인으로 추정되는 분들의 이름이 섞여 있다. 자세히 살펴보면 총 열네 분 중 김인권, 노백린(盧伯麟, 독립운동가, 1875~1926년), 박은식(朴殷植, 민족사학자, 1859~1925), 신규식(申圭植, 독립운동가, 1879~1922년), 안태국(安泰國, 독립운동가, ?~1920년) 등 다섯 분은 1993년, 윤현진 선생과 오영선(吳永善, 독립운동가, 1886~1939년) 선생은 1995년 6월 대한민국으로 이장移葬한 사실을 화강암 판석에 새겨 두었다.

## 윤현진 선생 흉상 제막식에서의 조우

"저, 혹시 윤석우 선배님 아니십니까?"

새해를 앞둔 2017년 12월 어느 날 오후, 허겁지겁 춘추공원의 윤현진 선생 기념비 앞에 닿자 행사장 앞줄에 낯선 노인 한 분이 앉아 있었다. 윤현진 선생 기념비 흉상胸像 제막식 날이었다. 곁으로 다가가 여쭙자, 노인은 "예, 나, 윤석우올시다." 하고 손을 내밀었다. 윤현진 선생의 손자분이었다. 사정이 있어 흉상 제막식에 참석하지 못한다고 들었는데, 어렵게 참석하셨던 것이다.

“선배님, 십 수 년 전 경남도의원으로 윤현진 선생님 관련해서 전화드렸던 조문관입니다. 기억하십니까?”
“물론, 기억하고말고요. 늘 고맙게 생각하고 있습니다.”

몇 차례 통화는 나누었지만 서로 만나기는 처음이었다. 중년의 건강한 목소리로만 기억했던 선배님은 70대 노인으로 변해 있었다. 건

윤현진 선생이 상하이 망명 후 모친께 보낸 친필

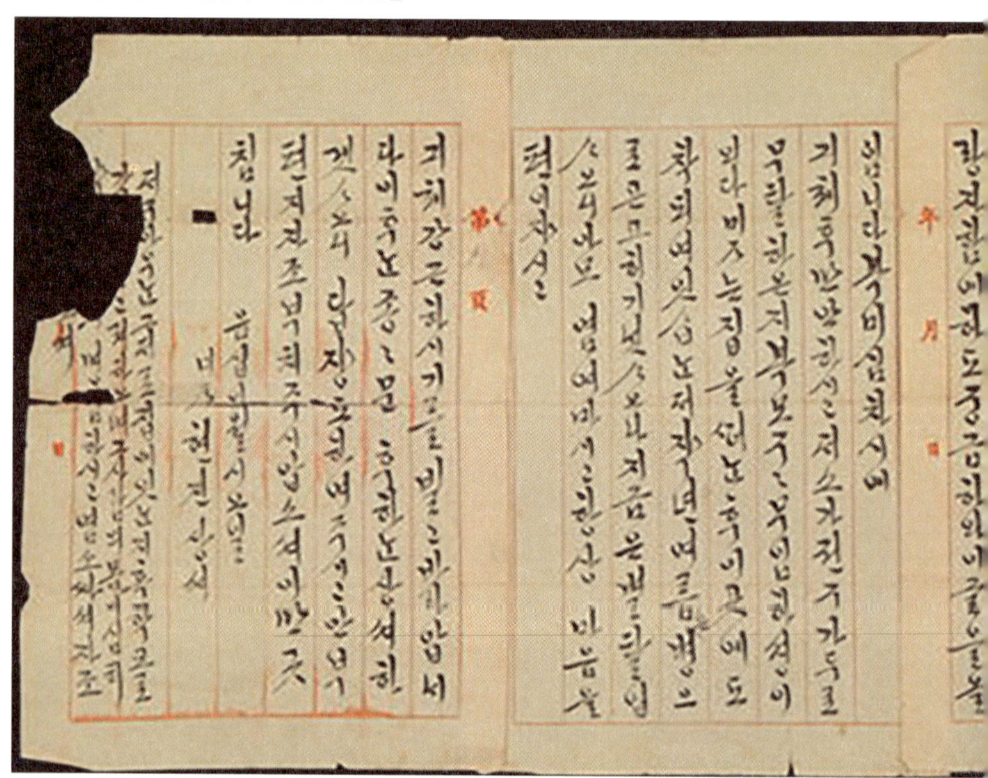

강도 그리 안 좋으신 듯 했다. 40대의 초선 도의원으로 전화를 드렸던 내가 흰머리 섞인 60대가 되었으니, 당연한 일이었다. 열정적으로 일을 추진하다 결과를 내지 못했던 기억에 새삼 쑥스러움이 밀려왔다.

## 역사는 흘러간 시간이 아니라 '오래 된 미래'

당시 계획했던 가칭 '윤현진 선생 기념관'은 끝내 불발로 끝났고, 2013년 개관한 양산시립박물관에 자그마한 특별코너 하나를 두게 되었다. 그러나 선배님은 집안에 간직했던 선생의 유품들을 흔쾌히 기증해, 박물관을 찾는 시민들에게 우리 양산의 선현들에 대한 자부심과 나라사랑을 전해주고 있다. 그때는 참 죄송하고 답답했노라고 하자, 선배님께서는 "기념관을 추진하려고 애써 준 것만 해도 어디냐"며 꼭 감사의 뜻을 전하고 싶었다고 하셨다. 선약이 있어 행사 후에도 말씀을 더 나누지 못한 것이 아쉽기만 했다.

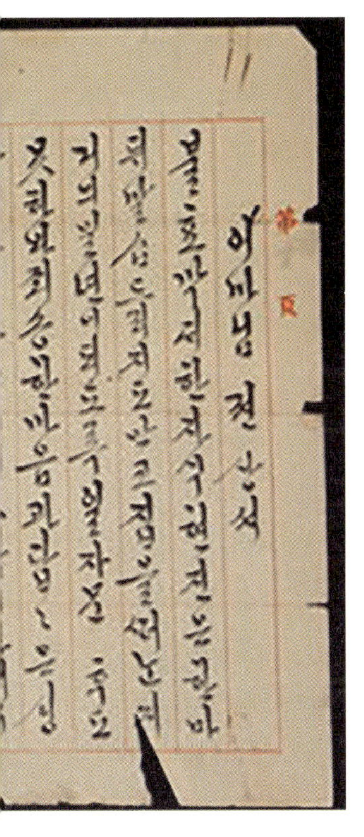
어마님 젼 상서

윤현진 선생 흉상 제막식이 지나고 나서도, 내내 마음이 무거웠다. 숲길 구석구석에 시멘트 보도블록을 깔고 장충단을 이전해 현충사를 건립하는 등 거창하게 진행된 춘추공원 정비사업 과정에서, 비석 옆에 흉상 하나 세운 것으로 윤현진 선생께 할 도리를 다한 것인가 하는 의문을 지울 수 없었다.

윤현진 선생 흉상

나는 윤의사 후손들 이야기를 들려주셨던 권성찬 선배를 모시고 최근 삼성동의 고택古宅을 다시 찾았다. 실은 3~4년 전에도 혼자 한 번 들렀다가 옛 자리를 찾지 못했던 적이 있어 모시고 나선 것이다. 선배님은 어릴 적 이웃에 살았던 오백섭 선배까지 불러 동행해 주셨다. 고속도로 밑 중앙로에서 꼬불꼬불 골목길을 걷는 동안 두 선배님은 옛 추억을 나누기 바빴다.

"또 원룸이 들어섰네. 원룸 입구가 ○△이 집 쪽으로 돌던 길 아이가? 원래 도로부지가 아이고 대지였던 갑네?"

"어허, ○△이 집은 그쪽이 아이고 저쪽이라 카이. 저쪽에서 큰 길 너머 보이는 점방까지가 몽땅 그 집이었다 아이가."

"자세히 보니 그렇네. 그라믄 우리 집 있던 자리는 이쪽이구만."

재미있는 추억담에 귀를 기울이는 사이, 윤현진 선생 고택 앞에 당도했다. 나도 그렇지만, 두 선배님도 눈앞의 광경에 놀라고 말았다. 10여 년 전만해도 허름한 모습으로 자리를 지켰던 고택의 안채가 흔적도 없이 사라져 마당으로 변해 있었다. 목조 대문도 철문으로 바뀌면서 양쪽에 시멘트 건물이 들어섰다. 옛 모습이 완전히 사라져, 몇 년 전 혼자 왔다가 헛걸음했던 이유를 알 수 있었다.

선배님들은 긴 탄식을 쏟았다.

"조회장, 당신이 도의원 때 이 집 사서 보존하자고 했던 그 일만 성사됐더라도 이렇지는 안을 낀데, 정말로 아쉽네."

"하기사, 집이 남아 있어도 지금은 어려울 끼라. 그새 집값 땅값이 얼마나 올랐는가. 어릴 때는 이 집 대문에서 안채를 들여다 보믄 까마득하기 멀더만, 지금은 그래 커 보이지는 않네. 그래도 한 사오백 평은 될 낀데?"

허전한 마음으로 골목을 돌아 나와 다시 권성찬 선배님의 사무실로 향했다. 동기분인 윤의사 손녀 '금희' 선배님의 전화번호를 찾기 위해서였다. 선배님은 그 자리에서 전화를 걸어 주셨다.

"금희가? 내 성찬이다. 그래, 건강은 좀 어떻노? 지난번 동기 모임 때도 무릎이 아파서 몬 왔다 카더만은. 어? 나는 괜찮다. 당뇨도 없고, 혈압도 극히 정상이란다. 어릴 때는 늘 병치레해서 오래 몬 살끼다 캤는데, 늙고 보이 내가 제일 건강하네."

팔순의 남녀 선배들이 "니" "내" 해가며 나누는 정겨운 대화에 저절로 미소를 머금었다. 선배님은 안부를 나눈 후 수화기를 넘겨주셨다. 꼭 확인할 일이 있어 미리 부탁을 드렸던 것이다.

지역후배로 도의원을 지낸 사람이라고 소개를 드린 후, 궁금했던 부분을 질문했다. 윤현진 선생 부인, 즉 금희 선배님의 할머니 묘소에 대한 이야기였다. 풍문에는 가족들이 양산을 떠나기 전 별세해 춘추공원 어디엔가 모셨다고 하는데, 수년간 추적해도 위치를 확인할 수가 없었다.

"아이구, 그래 고맙소. 우리 할아버지도 모르는 사람이 많은데, 할머니 산소까지 걱정하는 분이 있었네요. 맞아요, 할머니를 모셨던 곳이 춘추원 뒷산이었지."

자기가 농협에 취직한 지 얼마 안된 스물 두 살 때 할머니가 돌아가셨다고 기억을 더듬었다. 이제 돈도 벌고 있으니 할머니께 효도해야지 마음먹을 무렵 세상을 뜨는 바람에 더 가슴 아팠다는 말씀이었다.

"예, 춘추공원까지는 어렴풋이 기억을 하는 사람들이 있는데, 구체적인 위치를 알 수가 없습니다. 주변을 아무리 둘러봐도 짐작 가는 데도 없어서 이렇게 여쭈어 봅니다."

그 선배는 목소리가 차분해지면서, "할머니는 이미 양산에 안 계신다."고 했다. 1995년 윤현진 선생의 유해 봉환에 맞추어, 부인의 유해도 화장해 서울로 모셔 갔다는 대답이었다. 후손들이 모두 서울로 이주했으니 성묘나 관리상의 불편도 작용했겠지만, 어쩌면 우리 양산의 무관심도 그런 결정의 원인이 된 건 아닐까 하는 마음에 부끄럽고 죄송하기만 했다.

역사는 흘러 사라져 간 시간의 화석化石이 아니다. 위인偉人들을 존경하고 현양하는 것은, 단순히 그분들을 '모시는' 것이 아니다. 지금도 우리의 가슴을 뜨겁게 요동치게 하는 감동이며, 우리를 깨우치는 큰 스승이다. 역사를 '오래 된 미래'라고 부르는 이유도, 역사를 통해서 우리의 나아갈 바를 배우고 그 길을 통해 보다 참되고 나은 내일을 향해 갈 수 있기 때문일 것이다.

# 가난했지만 정겨웠던 고향 마을 교리

우리 양산이 개발 바람을 타기 전인 70~80년대까지만 해도, 뒷동산 춘추공원에서 내가 사는 교동을 내려다보면 집들은 공원기슭을 따라 구불구불 골목을 이루고, 마을 앞 왼편으로는 국계다리에서부터 크고 작은 논들이 펼쳐져 있었다. 한 달 한두 번은 하얀 두루마기나 도포 차림의 노인들이 국계다리를 건너 와 마을 앞을 지나갔다. 드물게 상투머리에 갓을 쓴 노인들도 섞여 있었다. 바로 양산향교에 출입하는 유림儒林의 어른들이었다. 마을 이름 교동校洞의 유래 역시 '향교가 있는 마을'이라는 뜻이어서, 어릴 적에는 '교리'라는 이름이 더 익숙했다.

나는 우리 양산의 민속무용가 김덕명(金德明, 1924~2015년) 선생의 학춤을 접할 때마다, 논두렁 따라 향교로 이어지던 긴 행렬을 떠올렸다. 근거도 없으면서, 학춤은 선비 세계에서 전승되어 온 춤일 것이라고 짐작하기도 했다. 논두렁을 훠이훠이 걸어가시던 자태가 학과 닮았다는 생각에서였다.

## 양산향교와 춘추공원이 마을의 자부심

춘추공원과 양산향교는, 우리 마을 어른들의 자존심을 지탱해 주는 버팀목이었는지도 모른다. 국계다리를 마주 보고 지척에 있으면서도, 1983년 양산읍 편입(1996년 양산시 편입) 전까지 우리 마을은 행정구역상 '물금면'이었다. 말하자면 양산천이 '읍내'와 '시골'을 나누는 경계선이었던 셈이다.

그래도 마을 앞뒤로 선비의 표상인 향교와 역사의 향기 그윽한 춘추공원이 자리한 덕분에, 주민들은 나름의 자부심으로 기죽지 않고 읍내(시내) 출입을 했다. 향교에서는 고등공민학교를 개설해, 초등학교 졸업 후 중학교 진학을 못한 지역 청소년들의 배움의 요람이 되어주기도 했다.

그러나 마을의 실상은 보잘 것 없었다. 여름철 폭우가 내리거나 장마가 길어지는 해에는 종종 수해를 입었다. 오죽하면 "메기 하품만

양산향교 명륜당

해도 홍수 난다."는 말이 있을 정도였다. 양산천이 불어나 둑을 넘으면, 맨 먼저 앞들판 논들이 물속으로 모습을 감춘다. 겨우 여물기 시작하던 나락을 집어삼키고 나면, 수마水魔는 겁을 주듯 마을을 향해 서서히 올라온다.

가게 집에 모여 밤늦게까지 웅성거리던 어른들은, 다음날 눈뜨기 바쁘게 물을 바라보며 마음을 졸인다. 물이 골목 앞에서 주춤거리다 물러나면 다행히 농사를 반이라도 건지는 해다. 기어이 마을 안까지 차오르면, 그해 실농失農은 물론 저지대 집들은 침수피해로 이중의 고통을 받아야 했다. 마을 오른편은 오봉산의 깊은 골짜기로 연결돼, 폭우 때는 강과 산, 양쪽 물길이 마을을 집어삼켰다. 산자락에서 쓸려 내려온 자갈들이 쌓여, 마을 오른쪽은 황무지로 버려진 땅이었다.

## '메기 하품'에도 물에 잠기던 고향 마을, 양산향교와 춘추공원이 주민들의 자부심

아버지께서는 50년대부터 읍내에서 유선방송사를 운영해, 우리 집은 그나마 사정이 조금 나은 편이었다. 라디오를 사기 어려운 집에 선을 연결해, 스피커를 통해 방송을 듣도록 해주는 시스템이었다. 요즘의 케이블TV와 비슷했다. 방송사 옆에는 집도 한 채 따로 있었다.

초등학교 2학년 무렵, 아버지께서 "권아, 니 양산국민학교로 전학할래?" 물어보신 적이 있다. 나는 국계다리 건너 지척에 양산초등학교를 두고 십리 길을 걸어 물금의 범어초등학교에 다니고 있었다. 주소지를 기준으로 학교를 배정하는 학구제學區制의 모순이었다.

스케이트 타는 재미에
빠져있던 초등학교 시절

한참 생각 후에 "아니요, 아버지. 그냥 범어초등학교에 댕길 랍니더." 하고 말씀드렸다. 가난하지만 정다운 이웃과, 350만 평 광활한 물금들녘의 둑방을 따라 십리 통학길을 함께 오가던 친구들과 떨어지기 싫었던 것이다.

당시 초등학교에서는 점심시간에 급식 배급을 시행했다. 등교할 때 빈 도시락을 가져갔다가 줄을 서서 내밀면, 김이 무럭무럭 나는 옥수수 죽을 나눠 주었다. 우리 마을 친구들은 구수한 죽 냄새의 유혹을 참고 그걸 아껴 두곤 했다. 몇 숟갈 되지도 않는 죽을 떠먹어봤자, 10리나 되는 하교 길을 걷다 보면 허기가 지기는 매한가지였기 때문이다.

특히 여름날 그늘 한 점 없는 시골길은, 더위에 엿가락처럼 늘어나는 것만 같았다. 걷다 개울을 만나면 멱도 감고 미꾸라지도 잡으면서 더위를 달랬다. 곧장 걸으면 한 시간 거리지만, 물놀이에 정신이 팔리다 보면 집까지 두 시간 이상 걸리는 건 예사였다. 그러니 옥수수 죽은 학교생활보다 돌아오는 길에 더 유용한 간식이었다. 강둑에 둘러앉아 도시락을 꺼내면, 죽은 퍼져서 양도 많아지고 단단히 굳어 묵으로 변해 있다. 한 마디로 꿀맛이었다.

도시락을 비우고 나면 둑길의 필기를 뽑아 씹으며 집으로 향하는 게 우리들의 정해진 통학코스였다.

## 빠지게 일해도 하늘에 달린 농사

아마, 그 무렵 부터였을 것이다. 나는 막연하지만 정치를 꿈꾸기 시작했다. 강냉이 죽 한 그릇도 양을 늘려서 먹는 친구들, 어른들은 그 아이들을 배불리 먹이기 위해 뼈 빠지게 일했지만, 농사가 어떻게 될지는 하늘만 쳐다보아야 했다. 나는 양산군수가 되어 치산치수를 잘 해서 마을이 물을 담지 않도록 하고, 양산에서 가장 가난한 동네라는 부끄러운 굴레에서 벗어나게 해 주고 싶었다.

정치의 꿈을 가지게 된 계기는 그 뿐만이 아니었다. 아버지는 50년대 면의원을 지내신 후 중앙 일간지 양산지사, 유선방송사 등을 경영할 때는 지역 기자 분들과 '양산 언론인협회'를 만들어 활동하셨다. 그러다 보니 집에는 늘 손님이 끊이지 않았다. 나누는 말씀들을 어깨너머로 들어보면 주제는 언제나 마을 걱정과 지역발전 문제였다. 어른들의 이야기에 빠져 어느새 같은 걱정에 골똘해 있는 스스로를 발견하곤 했다. 한번은 언론인협회에서 돼지 한 마리를 사다 천성산에 주둔한 미사일부대에 기증하신 일이 있었다. 어린 마음에 '저 돼지를 잡아 국밥을 끓이면 온 동네 사람들이 배불리 먹을 텐데...' 생각하니 아깝기도 했다.

3~4학년 무렵부터는, 선거 때가 되면 유세장 구경을 다녔다. 양

춘추공원에 선 심훈의
'그 날이 오면' 시비

산 장날 인파 앞에서 열변을 토하는 후보들을 바라보며, 나름대로 주장의 타당성이나 공약의 진실성 여부를 가름해 보기도 했다.

유독 잊히지 않는 분도 있다. 정아무개라는 국회의원 후보였다. 개인적으로는 친구의 조부 되는 어른인데, 선거 때마다 몇 차례나 출마했지만 계속 낙선하셨다. 살림도 기울었다고 소문이 났다.

그 분을 마지막 뵌 것은 1973년 9대 국회의원 선거 때였다. 집집마다 고무신이 돌고 가게마다 막걸리판이 벌어진 타락선거였다. 오죽하면 사람들은 "자유당 시대보다 더하다."고 부정선거를 비판했지만, 한편으로는 자신들도 공짜 밥, 공짜 술을 찾아다니던 시절이다. 그러데, 중풍에 걸려 고생하신다는 말을 들은 바 있던 그 어른이, 지팡이를 짚고 단상에 올랐다. 신민당 신상우 후보의 손을 잡고 "양산군민 여러분! 우리 신상우 후보를 도와주십시오." 하고 호소하며 눈물을 흘렸다.

고 신상우 의원
(2012 작고, 향년 75세)

'저렇게 몸이 불편한 분을 유세장으로 이끌어 낸 힘은 무엇일까? 신상우 후보가 못 다 이룬 자신의 뜻을 실천해 줄 인물이라는 믿음일까, 아니면 미련일까? 혹은 신상우 후보의 간절한 부탁이 통한 것일까?'

눈물의 의미를 갖가지로 짐작해가며 지지유세를 들었다. 자신이 출마했을 때보다 더 큰 호소력과 설득력을 몸으로 보여 준 명연설이었다. 신상우 후보는 경쟁자를 가볍게 물리치고 당선되었다. 물론 순전히 그분의 지원유세 덕분만은 아니었겠지만, 선거는 후보 혼자 힘으로 하는 것이 아니구나 하는 깨달음도 얻었다.

# 김서현 장군과 삼조의열, 그리고 고구마밭

춘추공원에 오르며 만나는 역사 위인을 순서대로 보자면 김유신 장군의 아버지 서현공이 가장 먼저다. 자랄 때 집이 공원 숲 안에 있다 보니, '신라 대양주도독大梁州都督 김서현金舒玄 장군 기적비記蹟碑'는 공원이 아니라 뒤꼍에 선 '우리집 비석' 같은 마음이었다. 지금은 주차장에서 춘추공원 진입로로 올라서면 곧바로 묵직한 위용을 자랑한다.

이 비석은 그리 오래 되지는 않았다. 초등학교 저학년 시절, 동네 어른들이 영차, 어영차 커다란 바위와 돌 거북이 등을 목도로 날라 올리더니, 며칠 후 하얀 두루막과 도포 차림의 할아버지들이 줄지어 산에 올랐다. 향불 냄새에 모여 든 동네 아이들이 목을 빼고 둥그렇게 둘러 선 가운데, 어른들은 제상 앞에서 축문을 읽고 연신 머리를 조아렸다.

비문의 말미를 살펴보면, 비석이 선 날은 '가락 기원 1923년 갑진년 오월(駕洛紀元 一千九百二十三年 甲辰五月 日)'이다. 가락국 건국으로부터 1923년이 흐른 서기 1964년 봄이었다. 초등학교 2학년 시절이다.

김유신 장군의 부친인 김서현 장군의 업적에 대해서는 더 언급할 필요가 없겠다. 다만, 요즘 장군의 기적비를 바라보면, 심사가 착잡하기 이를 데 없다. 나와 함께 어린 시절을 보냈고 함께 나이를 먹어

김서현 장군 기적비

가는 비석, 특히 귀부龜趺라고 부르는 거북이 모양의 기단부基壇部는 비바람에 연륜을 더해 벌써 고색古色이 느껴진다. 그런데, 요즘은 비석 앞에 서면 눈살을 찌푸리게 된다. 근래 몇 년 동안 춘추공원 · 삼조의열단 정비사업이 시행된 이후의 일이다.

### 환경정비 결과가 '선현 모독'

사업은 춘추공원 정상의 현충탑(한국전쟁 전몰자 위패 765위 봉안, 1968년 건립)보다 시대가 훨씬 앞서는 삼조의열단이 더 아래에 있는 것이 부적

이름 밟기로 선현모독을 빚고 있는 현장 (2016. 12)

절하다는 지적에서 시작되었다. 논의가 춘추공원 정비사업으로 이어져, 정상부 서편에 충렬사忠烈祠를 건립해 삼조의열비三朝義烈碑를 경내로 이전하고 김서현 장군 기적비 주변을 정화하는 등 취지는 좋았다. 춘추공원 입구를 지키던 해태상은 1945년 용두산 공원 일본 신사 앞에서 옮겨 온 '일제 잔재'라는 이유로 철거되었다.

개인적으로, 공원 곳곳에 인공의 손길이 더해지고 오솔길까지 보도블록으로 덮인 점은 아쉽다. 그저 시민의 휴식공간이 아니라 '역사공원'이라는 의미를 생각하면, 다소 불편하더라도 고즈넉하고 경건한 풍광을 간직했으면 하는 마음에서이다. 어쩌면 시대에 뒤쳐진 발상이라고 면박을 할 분도 있으리라.

그러나, 김서현 장군 기적비에 대해서는 한 마디 하지 않을 수 없다. 부끄럽기 짝이 없는 정경을 연출해 놓았기 때문이다. 비석 앞을 '정성껏 단장한' 전돌 위에 춘추공원과 충렬사에 모신 선현들의 이름자를 새긴 것은, 환경을 개선한 것이 아니라 선현 모독冒瀆의 무대로 전락시킨 꼴이라는 말이다.

비석을 살펴보기 위해 가까이 다가가려면, 걸음마다 신라 충신 박제상, 고려 문종조에 왜구를 토벌해 백성들을 지킨 양주 방어사 김원현金元鉉, 임진왜란 때 동래성에서 순절한 양산군수 조영규(趙英珪, ?~1592) 공 등 시민들의 추앙을 받는 여러 선현들의 이름자를 밟고 지나가야 한다. 청사靑史에 길이 전해져야 할 그분들의 위명과 업적을, 온갖 오물이 묻은 신발로 짓밟게 만들어 놓았다.

## 5.18묘역 '전두환 비석' 연상시켜

5.18묘역 전두환 비석

저절로 떠오르는 장면이 광주 5.18 묘역이다. 진입로 들머리에는 비석 하나를 바닥에 눕혀 박아 두었다. 세 조각을 이어 붙인 비석을 찬찬히 살펴보면 '전두환 대통령각하 내외분 민박마을'이라는 글이 두 줄로 파여 있다. 10.26 쿠데타를 통해 집권한 전 전대통령이 82년 지방순시 중 전남 담양군 고서면 성산리에서 하루 묵고 간 것을 기념해 마을에서 세웠던 비석이다. 그가 퇴임한 후 전국에서 철거하라는 요구가 빗발치

5.18묘역을 참배하며 전두환 비석을 밟고 선 안철수 국회의원 (2016. 2)

자, 주민들은 비신碑身을 뽑아 하천 둑에 묻어버렸다. 89년 광주민주동우회 회원들이 찾아내어 이곳으로 옮겨 박았고, 그 뒤로 비석을 밟고 지나가는 일이 묘역 참배객들의 통과의례가 되었다.

사람의 이름을 밟고 지나가는 행위는 당사자에게 줄 수 있는 가장 강력한 모욕이라는 사실을 대변하고 있다. '양산의 얼'을 선양하기 위해 예산을 들인 사업이 오히려 시민들의 모욕을 강요하는 결과가 되었으니, 외지인들에게는 웃음거리요 우리 양산으로서는 부끄럽기 짝이 없는 일이다.

우울한 마음으로 김서현 장군 비석과 윤현진 선생 흉상 옆을 지나면, 자그마한 광장과 그보다 조금 높은 곳에 원두막 형태의 정자 하나가 있다. 정자 자리는 원래 삼조의열단이 있던 곳이다. 오랫동안 춘추공원의 상징 구역이었다가 지금은 신축한 충렬사 경내로 옮겨졌다. 광장 자리는 비교적 경사 없이 평평해 어린 시절 가장 자주, 가장 오래 뛰놀았던 장소이기도 하다.

## 춘추공원의 상징 구역 삼조의열단(장충단)

삼조의열단은 양산을 빛낸 호국영웅들의 행적을 비석에 새겨 기린 뜻 깊은 장소였다. 신라의 박제상, 고려시대 양주도독 김원현 장군, 조선조 조영규 군수 등 세 분이 주인공이다.

박제상은 역사서에 '삽량주 간歃良州干' '삽라군歃羅郡 태수太守' 등으로 나오는데, 신라 눌지왕 때 고구려와 왜倭에 볼모로 가 있던 임금의 아우들을 구출하고 왜왕에게 화형당했다. 모진 고문을 당하면서도 "계림(신라)의 개나 돼지가 될지언정 왜왕의 신하는 되지 않겠다."고 충절을 버리지 않았다.

김원현 공은 고려 충선왕 때 양산 도독으로 있으면서 삼차강(三叉江, 지금의 부산 강서구 대저동)에서 왜구를 대파, 다시는 양산을 넘보지 못하게 했다. 생몰년은 확인되지 않으나, 문중기록에 의하면 공의 본관은 김해, 김서현 장군의 후손이다. 양산에서의 전공戰功으로 광정대부匡靖大夫 첨의평리僉議評理 상호군上護軍에 올랐고, 그로부터 세거지(김해시 한림면 퇴래리 퇴은마을)의 후손들이 번성하기 시작했다고 한다.

조영규 군수는 양산에 재임 중이던 1592년(선조 25) 임진왜란이 일어나 동래성이 포위된 것을 알고 달려가 단기單騎로 적진을 통과, 동

옛 삼조의열단과 현재모습

래부사 송상현 공과 함께 최후까지 왜적을 베다 장렬히 순절했다. 현종 10년(1669년) 송준길宋浚吉의 상계로 조영규의 효행과 충절이 알려져 호조참판에 추증되었으며, 동래의 안락서원安樂書院, 양산의 충렬사忠烈祠, 고향인 장성의 모암서원慕巖書院에 배향되었다.

## 삼촌도 잠들어 계신 충혼탑

공원 정상에 오르면, 하늘 높이 솟은 충혼탑에 이르게 된다. 여기에는 '중重' 자, '호浩' 자를 쓰셨다는 삼촌의 영령도 모셔져 있어 저절로 묵념을 올리게 된다.

삼촌은 어릴 적 소아마비를 앓아 한쪽 다리가 불편했다고 한다. 입영 신체검사에 불합격하고도 한국전쟁이 발발하자 자원입대했다가 저 유명한 낙동강 전투에서 1950년 8월 산화한 분이다. 내가 태어나기 한 참 전 일이라 얼굴도 뵌 적이 없지만, 충혼탑 앞에 서면 아버님과 꼭 닮았다던 얼굴 모습이 어렴풋이 그려진다.

삼촌이 모셔진 충혼탑 내부

초등학교 시절, 아버지는 술을 한 잔 하신 날이면 동생의 전사통지서를 쓰다듬으며 낮은 목소리로 그 이름을 몇 번씩 부르시곤 했다. 내용은 자세히 알지 못했지만, 종이 맨 아래쪽에 적혀 있던 '사단장 양찬우'라는 이름과 그 위에 커다랗게 사각으로 자리 잡았던 붉은 도장은 지금도 기억 속에 선명하게 찍혀 있다.

충혼탑에서 능선을 따라 서쪽의 오봉산 자락으로 향하면, 지난 2012년 준공한 충렬사다. 계단 아래 도착해 외삼문을 바라보면, 색 바랜 추억들이 영화필름처럼 머리를 스쳐 간다. 여기는 원래 우리 집의 고구마 밭이 있던 곳이다. 서너 살 무렵부터 어머니 손을 잡고 수없이 오르내렸다. 어머니는 밭을 매는 동안 나를 밭둑에 앉혀 놓으면서 덜 자란 고구마 두어 알을 캐어 손에 쥐어 주시곤 했다. 옷에 쓱, 문질러 흙을 털어내고 한 입 깨물면 달짝지근한 물이 입안을 감돌아 마냥 행복했다. 고구마를 다 먹어치우고 심심해지면 비탈을 뛰어내려 산소로 갔다. 고구마밭 바로 아래, 집안 어른들을 대대로 모셔 놓은 선산先山이 있었다. 봄이면 도톰하게 살이 오른 필기를 뽑아 먹으며 놀았다.

초등학교에 들어가고부터는 고구마 밭이 놀이터가 아니라 일터가 되었다. 고구마 줄기를 소쿠리 가득 안고 올라간 어머니가 나무 막대로 거리를 재어가며 호미로 구덩이를 파면, 나는 뒤따라가며 한 뼘 길이로 잘라 둔 고구마 줄기를 심고 흙을 덮었다. 한 고랑을 끝내고 앉아 쉴 때는 남쪽 멀리 땅의 끝자락이 보였다. '저기가 세상의 끝일까, 저 너머에는 무엇이 있을까.' 막연히 미지의 세계를 그려보며 더 넓은 곳으로 나가 날개를 활짝 펼쳐보고 싶었다.

크고 나서 짐작해보니, 내가 세상의 끝이라고 생각했던 곳은 부산의 하단 아니면 명지동에 속한 을숙도쯤이었다. 차를 몰면 30~40분 거리인데 그때는 아득하기만 했던 '땅 끝'은, 이제는 바로 앞 강변마을 협성아파트가 스카이라인을 가려 보이지 않게 되었다. 어린 시절 낭만도 우리들이 바라보던 세상도, 자꾸만 작아져 가는 것 같아 마음이 허전하다.

그 옛날 고구마밭에는 충렬사가 자리잡았지만, 선산이 있던 산자락은 지그재그식 경사로만 설치된 채 방치돼 왔다. 공익시설 설치 취지에 공감해 군말 없이 수백 년 선영을 내어 준 성의가 무색해진 것 같아 섭섭했는데, 2022년 마침내 양산시립 독립기념관이 우뚝 서게 되었다. 지역 향토사학계, 원로들이 만든 '자연인 모임', (사)양산 항일독립운동기념사업회 등이 힘을 모아 토대를 마련했고 보훈처와 경남도, 양산시의 예산지원이 있었다.

내가 평소 현창사업 필요성 목이 쉬라 외쳤던 독립지사 배현진(1892~1921) 선생의 전신 브로마이드가 기념관 전면 벽에 크게 새겨진 것도 반갑다. 기념관에는 배현진 선생을 비롯, 대한제국 말기 일본과의 을사늑약(1905)에 항거해 1908년 궐기했던 서병희 의병장, 1919년 신평 만세운동을 주도했던 통도사의 애국지사 등 양산 출신 애국지사들의 업적과 유품들을 전시하고 있다.

전시공간 뒤에는 총 54위位의 선현들을 추모하는 공간이 따로 마련됐는데, 고故 서두석, 윤문석 님 등 여섯 분은 독립유공 훈·포장을 서훈하고도 유족에게 전수하지 못해 이곳에 전시해 두었다. 후손이 뿔뿔이 흩어져 행적을 알 수 없거나 아예 절손絕孫 됐으리라 싶어 더욱 가슴 아프다. 독립기념관은 평소에는 찾는 이가 별로 없어 한

적하기만 하다. 양산의 정신과 선현들의 숭고한 희생을 가슴에 새기는 공간으로 시민과 청소년들에게 보다 널리 알려졌으면 한다.

충렬사는 5,570여㎡의 부지에 삼조의열과 함께 임란 공신, 윤현진 선생을 비롯한 독립유공자 등 67분의 신위神位를 모신 사당 충렬사忠烈祠와 재실 춘추재春秋齋, 각각 장충문奬忠門, 의열문義烈門이라 헌액한 내 · 외삼문, 관리동 등 총 5채의 건물로 이루어졌다. 사당 왼편 앞쪽에는 장충단에 있던 삼조의열비를 옮겨 세웠다.

춘추공원을 다람쥐처럼 드나들며 뛰놀던 어린시절, 우리들은 누가 일러주거나 가르쳐 주지 않아도 커가면서 저절로 공원 곳곳에 자

충혼탑

리 잡은 선현들의 충절과 생애를 알아 갔다. 나는 그 한 분 한 분들의 가르침을 가슴에 담으면서, 자신보다 나라와 국민을 먼저 위하는 삶, 국난 앞에서는 목숨을 초개같이 던질 수 있는 삶을 당연한 일로 여기게 되었다.

## 내 마음의 스승 신광사 선생님

문득 고향마을에서의 어릴 적 기억이 떠오르면, 신광사(辛光司, 88) 선생님께 전화를 드린다.

"선생님, 학교에 계십니까? 들리면 차 한 잔 주실랍니까?"

물론, 차 한 잔을 아까와 하실 분이 아니다. 시간이 어떤지 여쭙는 말이다. 선생님이 학교에 계시던 때는 이사장실로 찾아뵈었다. "운동장으로 오게." 라든지 "지금 화단에 풀 뽑고 있네."라는 대답을 듣는 날도 흔했다. 양산여중과 여고, 제일고등학교가 속한 새빛학원 이사장을 지내신 신광사(88) 선생님이 그분이다.

앞의 두 학교는 여학교이고 제일고등학교도 여학교에서 2004년 남녀공학으로 전환했으니, 모두 나와는 아무런 연緣이 없다. 그렇다고 신 선생님이 학창시절 은사恩師이신 것도 아니다. 신 선생님을 '내 마음의 스승'으로 여기는 것은, 인간적인 관계나 개인적 친분에서가 아니라 그분의 삶에 대한 감동과 존경에서 비롯되었다.

초등학교에 5학년 가을의 일이다. 청년 한 사람이 리어카에 벽돌을 실어 날라 마을 서쪽 자갈밭에 공사를 벌이기 시작했다. 창고 같기도 하고 어찌 보면 양계장이나 큰 쇠양간 같은 길고 높은 '뱃집'이었다.

"저 자갈밭에 학교를 세운다 카는 기 말이 되나, 저게다 머를 지을라 카믄 기초를 1메다(m)는 파야 될 낀데…."

"1메다 아이라 2메다를 파도 안 되는 일이다. 비 한 번 와뿌리믄 몽땅 쓸리 나갈 낀데, 정신 나간 짓 아이가, 헛일이다, 헛일…."

## 어른들 걱정 속 자갈밭에 손수 학교지은 청년

'정신 나간 젊은이'의 어리석은 짓은 마을 어른들의 화제 거리였다. 다들 저러다가 집안 들어먹을 거라고 걱정했다. 어른들이 그를 불러다 엄하게 타일렀다는 이야기도 들렸다. 그러나 얼마 후, 그 청년은 어엿한 모습의 학교 건물을 우뚝 세워 올렸다. 자갈밭은 잘 다듬어져 운동장이 되었다. 1968년 3월 5일 첫 입학생을 받은 양산여자중학교는 그렇게 탄생했다. 어른들의 걱정처럼 학교가 두 번이나 물에 떠내려가기도 했지만, 다시 지어진 교사校舍는 더 크고 단단했다.

입학생들은 모두 우리 동기생들이었으니, 양산여중은 우리 학교나 마찬가지였다. 하교 후의 양산여중 운동장은 마을 머스마들의 새로운 놀이터가 되었다.

마침 내게는 '미제美製 농구공'이 한 개 있었다. 부산 하야리아 미군부대에 다니던 매형이 중학교 입학 선물로 구해 주신 거였다. 싸구려 고신보다 훨씬 '폼'이 났다. 특히 나는 어릴 때부터 운동을 너무 좋아했다. 달리기, 축구, 농구 등 가리지 않고 즐겼다. 양산여중 교정에는 농구골대까지 있어 학교에서 돌아오면 운동장으로 달려가고 싶어 몸이 근질거렸다. 하지만 여학교에 남학생들이 들어와 노는 것을 좋아라 할 사람은 아무도 없었다.

어쩔 수 없이 어두워지고 나서야 몰래 운동장에 들어가 마을 친구들과 편을 나눠 시합을 벌였다. 경기에 열중하다 공이 잘못 날아가 교실 유리창을 깨는 날도 있었다. '와장창' 소리가 나면 재빨리 도망을 가야 했다. 호랑이 교장 선생님이 불호령과 함께 벼락같이 튀어나올 게 뻔한 일이었다.

그런 일이 서너 번 되풀이되자 교장 선생님은 남학생들의 출입을 전면 금지했지만, 고분고분 말을 들을 우리가 아니었다. 학교가 쉬는 토 · 일요일이면 '담치기'를 해서 학교에서 놀다가 걸려 혼난 적도 많았다. 선생님은 잡힌 아이들을 부동자세로 세워놓고 한참 '설교'를 한 후에 주동자를 색출해 걸레 자루로 '빳다'를 때리고, 다시 단체기합을 주었다.

교장선생님이라지만 갓 서른쯤 나이의 삼촌뻘 선배였다. 그런데 한창 혈기왕성한 후배들을 이해해주지 못하고 '이중 처벌'까지 내리다니…. 우리는 '악질 선생님'이라고 욕을 해댔다. 부산에 있는 고등학교로 진학하게 되면서 그 일도 점차 기억의 뒤편으로 밀려나 까마득한 옛 추억이 되었다.

### 불편하게 조우한 '아내의 스승님'

문제는 아내와 결혼식을 의논하는 과정에서 터졌다. 둘 다 스무 여덟 살, 아내는 이미 노처녀로 통하고 있었다. 아내는 신광사 선생님을 주례로 모셔야 한다고 했다. 나는 첫마디에 "싫다."고 했다. 아내는 "왜 그러냐?"고 물었고, 나는 또 "싫다."고 대답했다. 이유가 뭐냐고 따지고 들기에, 나는 "그냥, 싫으니까 싫다."며 고개를 돌렸다.

양산여중 옛모습

아내는 "이유도 없이 싫다는 건 결국 내하고 결혼하기 싫다는 이야기네."라며 홱, 돌아앉았다. 화가 치밀었다. 그렇다고 어릴 때 그 선생님한테 두드려 맞아서 싫다고 털어놓기는 구차했다.

티격태격하다가, 누구에게서 먼저였는지 이젠 기억도 안 나지만 "그럼 이 결혼 하지 말자."라는 말까지 나왔다. 작은 말싸움이 자존심 싸움으로 번져 걷잡을 수 없는 지경까지 가고 말았다. 덜컥, 겁이 났지만 아내도 가슴 졸였을 게 틀림없다. 우리는 초등학교 동기동창 부부이다. 그것도 1학년 때 만난 사이니 친구들한테서 들은 '얼래리 꼴래리'만도 수백 번은 족히 될 테고, 아이 어른 할 것 없이 온 고을 누구나 아는 사이였다. 이제 와서 파혼한다면 나는 '나쁜 놈'이고 아내는 '버려 놓은 처자處子'로 남들 입방아에 오를 일만 남은 처지였다.

다행히 아내가 먼저 마음을 열었다. "사실 그 동안 자존심 많이 상했노라."고 털어 놓았다. 아내는 양산여중을 거쳐 지금의 양산여고

양산여중 졸업앨범에
실린 아내 모습

를 1회로 졸업했다. 그것도, 선생님이 다음해 고등학교를 연다는 말에 중학교 졸업 후 1년을 기다려 진학한 학교였다. 어렵게 진학해 첫 학생회장까지 지냈으니, 학교재단의 맏딸이자 선생님의 수제자인 셈이었다. 2, 3, 4회 학생회장 출신 후배들이 이미 결혼했고 모두 선생님을 주례로 모셨다고 했다. 1회 맏언니가 지각결혼에다 주례까지 다른 분에게 맡기면 체면이 서겠냐며 얼굴을 드는데, 눈에 커다란 이슬이 맺혀 있었다. 전세戰勢가 순식간에 역전되었다. 그야말로 '입이 열 개라도 할 말이 없는' 난감함이 밀려 왔다.

"알겠다, 미안타. 내가 잘 몬했다. 선생님한테 가자, 내가 말씀 드리께. 제발 눈물 쫌 그치라 안 카나."

## "선생님, 결혼 승낙 받으러 왔습니더"

그렇게 해서 장성한 후 처음으로 선생님을 뵈러 갔다. 학교가 가까워질수록 걸음은 무거워졌다. 내가 앞장섰으면서도, 도살장에 끌려가는 심정이 이럴까 싶었다. 도리가 없는 일, 노크를 하고 교장실에 들어서자, 선생님은 싱긋이 웃으며 우리를 맞았다.

"조군, 우짠 일이고, 자네가 내한테 다 오고? 일단 앉거라."

다 알고 있다는 표정인데 점잖게 물으시니 얄밉기까지 했다. 그러나 어쩌랴, 장가는 가고 볼 일이니 공손하게 인사를 드렸다.

"선생님, 경숙이하고 결혼 승낙 받으러 왔습니더. 주례도 쫌 서 주시이소."

"이 사람아 그기 무신 소리고? 결혼 승낙은 경숙이 부모님한테 받아야지, 그라고 나먼 주례는 당연히 내가 설 끼고…."

이럴 때 한 마디쯤 거들어 주면 좋으련만, 무심한 아내는 그저 다소곳이 앉아 바닥만 내려다보고 있었다. 나도 묵묵부답, 대책 없이 버티고 있자니 여직원이 커피를 내왔다. 꿀꺽, 목 넘김 소리가 유난히 크게 느껴져 더 조심스러웠다. 가슴은 돌이라도 얹어 놓은 듯 갑갑해져 왔다.

"저, 으음, 선생님, 저 어릴 때…, 중학교 때예…. 학교 유리창도 몇 장 깼습니더. 죄송합니다."

선생님은 파안대소하며 말을 받으셨다.

"이 사람아, 내가 그걸 몰랐겠나, 교리에서 뱰난 놈 카먼 조문관이 아닌가. 자네는 운동을 워낙 좋아하다 보니 그랬고, 나는 여학교 교장이니 꾸짖을 수밖에 없고…. 그러고 보니 얄궂은 운명의 장난일세."

그제야 분위기가 풀어지면서 입이 열렸다. "그러면 그때 제가 유리창 깬 걸 알고 일부러 심하게 때리셨습니까?" 했더니 선생님은 "자네는 오히려 살살 맞았을 낀데?"라며 짓궂은 표정에 눈웃음을 지으셨다. 이내 진지해 지신 선생님이 말씀을 이었다.

## 양산 여성교육의 영원한 상록수

"생각해 보게. 내 힘으로 학교를 짓는 데도 온 힘을 다했지만, 당시 우리 학생들도 열 명 중 너덧 명은 사실상 진학할 형편이 안 되는데 내가 억지로 끌고 온 아이들이었지. 그렇게 어려운 가운데 부모님들이 낸 돈으로 운영되는 학교였으니, 유리창 한장 한장이 그분들의 피땀 아닌가. 그리고, 남의 것을 소중히 여기지 않는 사람은 결국 자기 스스로에 대해서도 무책임한 사람이 되기 쉬운 법이야. 그때 '사랑의 매' 덕분에 자네나 친구들도 다들 번듯한 청년들이 된 거니까, 지금이라도 나한테 도덕 수업료 얼마씩 걷어다 바치게."

어쨌든, 우여곡절 끝에 우리 부부는 결혼에 골인했다. 선생님이 주례를 서주신 것은 물론이고, 아내의 '결혼 선배'가 된 여학교 후배들도 대거 참석해 축하를 해주었다. 40년 넘게 우리 부부가 큰 풍파 없이 살고 있는 것은 그 모든 분들의 덕분이리라.

결혼 이후 가끔 선생님을 찾아뵙고 이런저런 옛 이야기를 나누다 보니, 물 빠진 흑백사진처럼 희미해졌던 옛 기억들이 하나 둘 되살아났다.

내가 진학했던 양산중학교는 학년당 4학급 중에서 한 반만 여학생반이었다. 당시 물금의 외곽에 속했던 동아중학교, 상북면의 보광중학교는 사정이 더했을 것이다. 초등학교 졸업으로 학업을 끝내는 여

결혼식 장면
– 신광사 선생님이 주례를 맡아 주셨다

학생들이 많았다. 우리 범어초등의 1년 선배들만 해도, 여학생 30여 명 가운데 중학교 진학자는 열 명이 채 못 되었다. 반면에, 양산여중이 생기자 내 여자 동기들은 대부분 진학할 수 있었다.

물론, 여학교가 생겼다고 갑자기 집안형편이 좋아지거나 부모님들의 마음이 바뀌었을 리 없는 일이다. 낮 내내 학교 공사장에서 파김치가 되고도 밤이면 집집이 찾아다닌 선생님의 정성 덕분이었다. 그분은 중학교 입학원서를 쓰지 않은 여학생들의 집을 겨울 내내 몇 차례씩 돌며 부모님들을 설득했다. 자녀들을 먹이고 입히는 것만도 버거웠던 60년대에 밥보다 더 중요한 것이 교육이라고 역설했던 선각자, 선생님을 생각하면 늘 심 훈의 소설 『상록수』가 떠오른다.

훗날 양산시의원이 된 후, 선생님을 양산시민대상 수상자로 추천한 적이 있었다. 당신께 말씀드리지도 않고 추천서를 작성해 시 관계부서에 접수했는데 공적조사 과정에서 그 사실을 알게 된 선생님은 전화를 걸어왔다. "자네 뜻은 고맙지만 나보다 훌륭한 분들이 많이 계신다"며 시에도 사양의 뜻을 밝혔으니 그리 알라는 말씀이었다. 그해 시민대상은 끝내 수상자를 선정하지 못하고 넘어갔다.

새빛학원은 양산여고를 2004년 남녀공학의 양산제일고등학교로 전환하면서 새로운 전기를 마련했다. 매년 대학입시에서 눈부신 성적을 올려 이름처럼 '양산 제일'이 아니라 '경남 제일'을 향해 뻗어가고 있는 것이다.

선생님은 이사장 재임 중에도 학교 화단의 꽃들 사이 잡초를 뽑거나 가위를 들고 나무를 전정하는 등 한시도 몸을 놀리지 않으셨다. 까르르 웃으며 몰려가던 여학생들은 휙, 던진 쓰레기를 줍는 노인을 보고 무안해져 "할아버지, 누구세요?" 묻기도 했다. 교직원들보다 먼저 출근해 새벽 1시가 되어서야 학교를 한 바퀴 돌고 나서 퇴근하시던 선생님은, 2021년 이사장 자리를 아드님(신수균)에게 물려주셨다. 그러나 구순九旬을 바라보는 지금도 삶에 한 치 변화 없는 '영원한 현역'이시다. 이제 '학교 선생님'이 아니라 '학교 밖 선생님'으로 생활하신다는 정도가 달라진 점이다. 후배들이 개인적인 고민부터 양산의 현안까지 난제難題를 들고 찾아뵈면, 늘 명쾌한 논리로 핵심을 짚어주신다. 마침 자택이 우리 집과 20~30m 지척이어서, 상담 선생님을 이웃으로 둔 든든함과 장인어른의 눈길 같은 약간의 불편함을 동시에 느끼며 살고 있다. 선생님을 가까이 자주 뵌 덕분에 자제들인 신수균 이사장, 신인균 자주국방 네트워크 대표 등 자제분들과도 대를 이어 우의를 나누고 있다. 선생님이 오래오래 낙락장송처럼 든든히 양산언덕을 지키셔서 후학들을 이끌어주시기를 간절히 기원해 본다.

조문관 에세이

# 날자, 양산!

제2부

# 조문관의 삶, 조문관의 땀과 눈물

# 세 여자 이야기

"남자는 여자를 잘 만나야 출세한다"는 말이 진리가 된 시대이다. 곡절 많은 삶을 살고 있는 나로서야 출세를 기준으로 아내를 평가할 처지는 못 되지만, 그래도 여자 복은 잘 타고 태어났다고 자부하고 있다.

평생 독신을 고수했던 김동길 박사(金東吉, 1928~2022)는 어느 방송 프로에 나와 "왜 결혼하지 않으셨느냐?"고 묻는 MC의 말에 "누님 같은 여성을 만나지 못해서"라고 답했다.

알다시피 그분의 누님도 독신으로 삶을 마친 고 김옥길(金玉吉, 1921~1990) 박사이다. 이화여대 총장, 문교부장관 등을 역임한, 한국 여성계를 대표하는 지성의 한 분이었다.

기준은 다르겠지만 내게도 김동길 박사 못지않은 누님이 있고, 그 누님 같은 아내를 만나 결혼했으니 이만저만 큰 행운이 아니다.

## 초등학교 1학년 때 만나 아내가 된 이견숙

아내는 이웃 마을 신주동神主洞 출신이다. 임진왜란 때 우리 마을 교리校里에 있던 향교의 성인들 위패를 옮겨 묻어 보존했다는 데서 이름이 유래한 마을이었다. 학교를 오가는 길목에 위치해, 등하교 때면 저절로 어깨를 나란히 걸은 적이 많았다.

어릴 적 아내는 나보다 키가 반 뼘쯤 더 커 여학생 무리에서도 늘 눈에 띄었지만 성격이 무던했다. 그에 비하면 나는 개구쟁이였다. 여자 아이들을 놀려먹고 고무줄도 잘랐다. 그런데 그 애에게는 한 번도 별난 장난을 친 적이 없었다. 주눅이 든다고 할까, 대중가요 가사처럼 그 애 앞에만 서면 왜 나는 작아지는지 모를 일이었다.

나만 그런 것도 아니었다. 고무줄이나 시차기 같은 여학생들 놀이에 경숙이가 끼어 있으면, 개구쟁이 그룹도 주춤 주춤했다.

"우리, 저 가스나들 한 번 놀리 묵자."

"……."

"야, 와 가만이 있노? 어이 문관아, 니가 앞장 서 봐라."

슬며시 나를 부추기는 친구도 있었지만, 누구 하나 선뜻 나서지 못했다. 나는 "그냥 놔놓자, 저그끼리 노는데 싱겁구로 와 그라노."라며 짐짓 심드렁한 표정을 지어 보였다. 속으로는 누군가 경숙이를 괴롭히면 내가 나서서 막아주리라 마음먹었다. 막연한 호감 같은 걸 느끼고 있었던 것이다.

그런 속내와는 달리, 어쩌다 눈이라도 마주치면 나는 슬며시 고개를 돌렸다. 이상한 일이었다. 경숙이 역시 다른 친구들과는 곧잘 웃고 얘기도 나누면서, 나를 쳐다볼 때는 늘 무표정한 얼굴이었다. 그 표정이 의식적이라는 느낌에 '혹시 저 애도 나를 좋아하는 건 아닐까' 짐작해 보기도 했다. 왠지 가슴이 콩닥거렸다. 그러나 그 뿐이었다. 초등학교를 마치고 나는 양산중학교로, 경숙이는 양산여중으로 각각 진학하면서 더는 얼굴을 볼 기회도 사라지고 말았다.

## 가슴만 두근거리다 끝난 초등학교 시절

하교 후 친구들과 양산여중에 농구를 하러 갈 때면 그 애 눈에 띄는 우연을 기대하며 괜히 학교 이곳저곳을 어슬렁거려 보았지만, 그런 행운은 일어나지 않았다. 오히려 다른 여자 동기들은 종종 농구장에 둘러서서 나를 응원해 주었다. 멋진 슛이 성공해 박수를 받을 때는 경숙이도 교실 창문에서 나를 내다보고 있을 거라고 짐작하곤 했다. 중학교 시절도 그렇게 흘러갔다.

얼굴을 다시 본 건 군 입대가 얼마 남지 않았을 때였다. 어쩌다 버스에서 먼발치로 건너다 본 외에는 고등학교 시절 부산으로 기차통학을 하면서 신주동 앞을 지나다닐 때도, 서너 번 주말에 자전가를 몰고 신주동 골목을 기웃거릴 때도 마주하지 못했던 얼굴이었다.

그 즈음의 나는 의기소침해 있었다. 아버지가 중풍으로 쓰러져 집안이 기울고 있었다. 군 입대 날짜도 다가와 초조한 마음과 불안감이 엄습했다. 그때 문득 경숙이가 떠올랐다. 미뤄 둔 숙제처럼 가슴을 눌렀던 그 무엇이, 경숙이였던 것이다. 입대한다는 말은 꼭 해주어야 할 것 같았다. 어떻게 연락이 닿았는지는 기억에 없다. 다만 신주마을 앞 뚝방에 앉아 기다리던 때의 심정은 아직도 생생하다.

## "니, 이대로 군대 갔다가는 후회할 낀데?"

'머라 캐야 되겠노…. 군대 간다 카먼, 그래서 우짜라고? 칼낀데….'

'그렇다고 다짜고짜 내 니 좋아한다 캤다가는, 지금 잠꼬대 하나? 안 카겠나….'

초등학교 시절 아내와 나

'아니지, 내가 좋아한다는 거는 지도 알고 있을 끼다. 그냥 사나이답게 내 군대 갔다 올 때까지 기다리고 있어라, 쎄게 나가 보까?'혼자 소설을 쓰느라 바쁜데 그 애가 둑길 위로 올라서더니 말없이 다가와 풀밭에 앉았다. 한참 동안 다듬었던 말들은 어느새 날아가 버리고, 머릿속이 하얘졌다. 입이 열리지를 않았다. 짜내듯 말을 꺼냈다.

"나, 군대 간다."

"어, 알고 있다. ○일 날 훈련소 들어간다 카데?"

"맞다, 그런데 그 말은 누구한테 들었노?"

"○○이가 글카데."

○○이는 며칠 전에도 만났던 죽마고우였다. 그날 주고받은 말이 떠올라 피식, 웃음이 나왔다.

"문관아, 니 군대 가믄 경숙이는 우짤끼고?"

"뭐를 우짠다 말이고? 경숙이가 내 군대 가는 거하고 뭔 상관이 있노?"

"야 일마, 우리가 한두 해 친구 사이가? 니, 경숙이 좋아하는 거 모를 줄 아나?"

"이 자석이 우서븐 소리 하네? 우리는 말도 한 마디 제대로 안 해본 사이다. 오해하지 마라."

"그래서 하는 말 아이가? 이대로 군대 가뿌면 니 난중에 후회한다."

그 친구가 입대 소식을 전했을 거라고는 생각지 못하고 있었다.

"그래, ○○이가 머라 카더노?"

"머라 카기는…. 그냥 니 군대 간다꼬 잘 해주라 카데."

"글마 그거 웃기는 자슥이네. 지가 와 걱정을 해쌓노?"

## 말 따로 마음 따로, 끝내 하지 못한 고백

경숙이가 화제를 바꾸었다.

"아부지 많이 편찮으시다 카더만, 차도는 쫌 있나?"

"아이다, 여전하시다. 어른들이 걱정을 많이 하신다."

"그래, 큰일이네. 군대 가믄서 니도 마음이 안 편해서 우짜겠노?"

다시 긴 침묵. 물금 들녘을 건너 온 바람이 둑길에서 휘잉, 휘파람 소리를 내고 잦아들었다. 정작 하고 싶은 이야기는 한마디도 못했지만 왠지 마음이 편안했다. 꼬치꼬치 말하지 않아도 마음은 다 전한 것 같은 느낌이었다. 둑길 아래 잔잔히 흐르는 개울만 내려다보고 앉았는데도 가슴이 벅차올랐다.

휴가 나오면 혹시 그때 만나질란가 모르겠다, 그래 잘 갔다 온나, 건강 조심해래이…. 대충 이런 대화 끝에 자리를 털고 일어섰다. "부대 배치 받으면 편지 보내라"든지 "언제 면회 한번 갈께" 라는 말을

결혼 전 친구들과 나들이길에서의 아내 (왼쪽에서 첫 번째)

기다렸지만 그건 혼자 욕심이었다.

'국방부 시계'로 3년을 꼬박 채우고 제대한 나는 곧바로 매형의 회사 일을 돕느라 정신이 없었다. 어느 토요일, 운수가 좋은 날이었다. 제대 기념으로 부산 남포동의 제화점에 구두를 맞춰놓고 찾으러 가지 못하다가 겨우 시간을 내서 다녀오는 길이었다. 물금역에 내려 읍내로 들어가는 버스에 올랐더니, 저만치 뒤쪽 좌석에 낯익은 얼굴이 보였다.

바로 달려가고 싶었지만, 3년이라는 시간이 다시 걸음을 쭈뼛거리게 했다. 용기를 내어 다가서자 경숙이는 "새 구두 맞췄는갑네, 이리 줘."라며 가방을 받아 안았다. 신기한 일이었다. 몇 년 만인데 엊그제 보았던 것처럼 자연스러운 반응이었다.

## 책망도 반가웠던 3년만의 재회

"니는 오빠가 군에 갔다 왔는데 인사도 안 하나?"

"오빠 같은 소리 하네, 이래 멀쩡한 거 보면 잘 갔다 왔겠지. 매형 회사에 다닌 지 한참 됐담서?"

"어쨌거나 반갑다, 내리기 전에 그 가방에 전화번호나 적어 봐라. 월급 받으면 맛있는 거 사 주께."

제대한 지 오래면서 왜 연락도 안했느냐는 말에 기분이 들떴다. 경숙이가 종이가방에 전화번호를 적는 사이, 버스는 신주마을로 접어들었다. "내 여기서 내린다, 잘 가라" 말과 함께 가방을 건넨 그녀는 버스에서 폴짝 뛰어내려 길을 건넜다.

방에서 새 구두를 꺼내 신고 멋진 데이트 장면을 그려보는데, 어머니가 들어오더니 종이 가방을 챙겨 나가셨다.

"어무이, 가방은 뭐 하실라고요?"

"얼라들이 온 천지에 장난감을 어질러 싸서 담아 놓을라고 그란다. 와, 어데 쓸 데 있나?"

"아임미더, 괜찮습니더."하면서 속으로 '전화번호를 옮겨 적어야겠구나.' 하는데 어머니가 다시 들어와 조카들의 장난감이 담긴 가방을 벽에 거셨다.

## 친구들도 걱정한 '감지덕지' 결혼

며칠 만에 전화를 했다. 무덤덤하게 "그래, 전화했네? 우얀 일인데?" 라는 게 첫 반응이었다. "일은 무슨 일, 그냥 얼굴이나 함 볼라고…." 그렇게 시작된 만남은 후로도 이어졌지만, 거창하게 데이트라고 부를 것도 없었다. 때로는 둑길을 함께 걸었고 모교인 범어초등학교 교정에서 이야기를 나누기도 했다.

가족의 첫 해외 여행에서

처음에는 주변에서도 무심한 눈으로 바라보았다. 그저 '좀 친한 동기동창' 정도로 알았던 것이다. 그러나 시간이 흐르는 사이 우리 둘은 자연스레 '애인 사이'로 소문이 퍼지게 되었다. 더구나 여성들이 대개 스무 서너 살이면 결혼하던 시절이었다. 혼기를 한참 넘긴 처자가 이웃 마을 총각과 계속 어울려 다니니, 자그마한 시골마을에서 둘 사이를 모르는 사람이 없었다.

처가에서는 나를 탐탁지 않게 여겼다. 그도 그럴 것이, 처가는 주위에서 알아주는 '인텔리 집안'이었다. 장인어른은 어려운 시골살림에도 손위 처남 세 명 모두 대학공부를 시켜 칭송을 받았다. 장모님도 친정 동생이 명문대를 나와 사법시험에 합격하는 등 명문가 출신이었다. 나였더라도 평범하기 짝이 없는 이웃 마을 총각을 사위 삼고 싶지 않았을 것이다. 막내에다 고명딸의 고집이 아니었다면 이루어지기 어려웠을 혼사였다. 심지어 나의 가까운 친구들조차 "야 일마, 경숙이는 니한테는 감지덕지다. 니 감당할 수 있겠나?" 축하 반 걱정 반 입을 댈 정도였다.

아들 익현(42)이 초등학교 때
그린 엄마모습

## 아내여 미안하오, 장모님 그립습니다

나는 아내에게 청혼을 하면서 "결혼하면 다른 건 몰라도 세계여행은 꼭 시켜주겠다."고 약속했다. 당시 세계여행이란 달나라 여행과 다를 바 없는 꿈같은 이야기였다. 작심하고 허풍을 떤 것이었다. 결혼 후에는 "비록 지키지는 못하더라도 그런 꿈 정도는 가진 남자와 살아야 행복하지 않겠냐?"고 말을 바꾸었다.

그런데 세월이 지나 약속을 지킬 수 있는 시대가 왔다. 1997년, 아내와 중학생 아들 녀석을 동행해 유럽여행을 다녀오게 되었다. 20여 일 일정에 경비도 2천만 원 가까이 썼다. 첫 여행이라 주변 지인들과 친인척 선물까지 신경 쓰다 보니 생각보다 많은 돈이 나갔다. 그동안 아내에게 가졌던 미안한 마음을 조금이나마 덜어낼 수 있었으니 다행이었다. 귀국길에서는 "1~2년에 한 번씩은 꼭 해외 가족여행을 가자."는 새로운 약속으로 아내를 기쁘게 해주었다.

이듬해 2대 시의원 선거에 출마하게 되자, 아내의 첫 반응이 엉뚱했다. "그럼 우리 다음 해외여행은 어떻게 되는 거냐?"는 거였다. 시의원, 도의원을 지낼 때는 바빠서, 그 이후로는 곡절 많은 정치행로로 인해 아내의 염려대로 여행 약속은 아직 공수표로 남았다.

참으로 미안한 일이다. 선거를 하게 되면 호주머니 밑바닥까지 탈탈 털어 쓰게 된다. 빚까지 질 때도 있다. 겨우 회복될 만 하면 또 선거가 돌아와, 4~5년간 번 돈이 흔적 없이 사라진다. 나야 좋아서 하는 일이라지만, 남편 하나 바라보고 살면서 몸 고생 마음고생을 반복하는 아내에게 남편 이전에 죄인의 심정으로 살고 있다. 여보 경숙씨, 사랑하오, 앞으로도 잘 부탁하오.

그나마 다행은 처가가 지척이라는 점이었다. 한 마을이나 다름없는데다 처남들이 모두 외지로 나가 있어 나는 처가의 대소사에 '아들 대리인' 역할을 한 적이 많다. 타계하신 장인 장모 두 분의 장례도 주관하다시피 했고, 특히 장모님은 돌아가시기 전 한동안 직접 모셨다. 매사에 현명하고 음식솜씨도 빼어난 분이었다. 벽에 구멍을 내어 백열등 하나로 양쪽을 밝힌 처갓집 작은방에서 신접살림을 시작했던 나로서는 장모님에 대한 정이 더 애틋하다.

장모님, 고명딸 데려다 고생만 시켜서 죄송합니다. 그리고 보고 싶습니다.

## 억척스런 여장부, 누나 조수선씨

불의의 사고로 타계한 매형 대신 회사 경영을 맡은 이후, 나름대로 최선을 다해 열심히 뛰었다. 당시 누나는 30대 중반, 조카들은 유치원도 채 들어가기 전이었다. 거기다 매형은 3대 독자여서 대신할 사람이 아무도 없었다. 창업 초기 함께 고생했던 회사를 살려야 한다는 부담감, 누나와 조카들을 지켜주어야 한다는 책임감이 어깨를 눌렀다.

누나와 나는 어릴 때부터 7남매 중에서도 유독 "죽이 잘 맞는다."는 얘기를 들었다. 그래도 서로 믿고 의지하지 않았다면 30년 동안 단 한 번의 다툼이나 마찰 없이 지내기 불가능했을 것이다. 나는 회사가 돌아가는 사정이나 재무상태 등을 누나에게 수시로 보고했다. 누나는 "들어봤자 내가 우예 아노, 동생이 알아서 해라."는 식으로 무한신뢰를 보냈지만, 때로는 억지로라도 회사 일을 소상히 설명하곤 했다. 아무리 누나와 동생 사이라 해도 회사 일에는 피보다 신뢰가 중요하다는 생각이었다. 회사 돈은 100원 짜리 하나도 허투루 여기지 않고 정확히 다루었다.

근무 중인 누님

누나는 어쩌면 그 반대였다. 아무리 큰돈이 들어오고 나가도 꼬치꼬치 따지는 법이 없었다. 영업을 하는 과정에서 영수증 처리를 하기 어려운 '뒷돈'이 나가도, 어디다 썼는지 그만큼이나 필요한 지 묻지 않았다. 오히려 회사 자금이 딸릴 때는 어떻게든 돈을 구해 와 해결사 역할을 해주었다.

처음에는 "내가 우예 아노"를 연발하던 누나도, 서로 힘을 합쳐 회사를 꾸려오는 사이 경영에서부터 거래처 특성, 업계 사정 등에 능통해져 내 짐을 덜어주었다. 원래 가졌던 시원시원한 성격과 거친 금속제조업 현장의 훈련이 더해져, 때로는 나를 리드하기도 한다. 인간적인 고민 때문에 쉽게 결단하지 못하는 일은, 지켜보던 누나가 나서서 시원스레 매듭을 풀어버리는 것이다. 시의원 활동으로 시간에 쫓기던 시절에도 그런 누나 덕분에 안심하고 자리를 비울 수 있었다. 누나는 지역의 봉사활동이나 기부에도 앞장서고 종교, 취미활동 등 매사에 사람을 몰고 다니는 여장부이다.

50평 월세로 시작한 회사의 자본 규모가 커져 증자增資 절차를 밟을 때마다, 누나는 그 지분을 나에게 주었다. 공로주 성격이라고 할 수 있었다. 내 지분이 점차 늘어 '동업' 수준에 도달했다가, 도의원 선거 무렵에는 어느덧 95%에 달했다.

도의원에 당선된 후에는 그 반대가 되었다. 내가 회사 일에 전념하기 어려워진데다 대표이사직을 내려놓아야 할 사정이었다. 선출직 공직자 '겸직 금지' 규정이 새로 생긴 것을 계기로, 나는 대표직을 누나에게 넘겨주었다. 차제에 주식 지분도 모두 액면가에 인수하도록 했다. 원래부터 굳이 내 돈, 니 돈 따지지 않는 사이였으니, 거래라고 할 것도 없었다.

도량 넓은 고용주 누나를 만난 덕분에 '가족 같은' 회사가 아니라 말 그대로 가족회사로 성장가도를 걸을 수 있었다. 무엇보다, 매달 5일인 직원들의 월급날을 여태 단 하루도 어긴 적이 없다는 것이 큰 자랑이었다. 급료에는 '노동을 제공하고 받는 대가'라는 의미 이상의 많은 것들이 들어있다. 열심히 일하면서 월급날을 기다리는 설레임, 직장에서 견딘 갖가지 애환, 또 가족의 생계라는 절대가치가 담겨 있다. 회사가 그저 '일터'가 아니라 '삶터'인 이유도 그것이다. 누나와 직원들 모두가 입을 모아 "우리 회사"라고 답할 수 있다면, 그것을 보람으로 삼고 싶다. 누님, 감사합니다. 그동안 정말 고생 많았습니다.

### 시아버지 병구완에 15년 헌신한 형수 김숙희 씨

또 한 사람, 우리 집안 모두에게 여복을 안겨준 분이 있다. 형수兄嫂 김숙희씨이다. 형님과 나는 여섯 살이나 터울이 벌어져 어렵게 대하며 자랐다. 그래서인지 지금도 살가운 성품의 형수님이 형님보다 훨씬 편하지만, 한편으로는 늘 마음이 무겁다.

형수가 우리 가족이 된 것은 내가 스물한 살 때였다. 고3 때 중풍으로 쓰러졌던 아버지는 날이 갈수록 병세가 악화되면서 고통스러워 하셨다. 몸을 가누지 못하는 아버지를 보살피느라 어머니도 여간 고생이 아니었다. 그렇다고 농협에 다니는 형님이 직장을 그만 둘 수도 없고, 나는 입대를 앞두고 있었다. 병구완을 위해서는 특단의 대책이 필요한 상황이었다.

그때 형님이 어머니께 조심스레 속을 털어놓았다. 차라리 지금 사귀고 있는 여성과 결혼을 서두르면 어떨까 하는 이야기였다.

"그래, 고맙다. 그런데 그 집에서 시아부지 병구완하라고 귀한 딸을 내 주겠나? 당장 내 딸이라도 몬 보내겠다 카겠는데? 더군다나 너그 아부지 성질이 보통 성질이가? 어린아 같은 색시가 우째 감당을 하겠노?"

병구완은 고사하고, 아버지가 갓 시집온 며느리에게 성질이라도 부리면 어쩌나 하는 것이 어머니의 걱정이었다.

옛 어른들이 대개 그렇듯, 아버지도 자상하거나 살갑지는 못했다. 면의원과 언론활동 등 평생 밖으로 돌았던 분이었다. 쓰러지신 이후, 괄괄한 성품에 몸이 마음대로 따라주지 않자 정신적으로도 몹시 힘들어 하셨다. 어머니 혼자서는 부축하기도 힘이 부치는 판에, 아버지는 그때그때 기분대로 바로 움직여 주지 않으면 버럭 화를 내시곤 했다.

형님은 "제가 알아서 설득을 해 보겠습니다." 말했지만, 어머니는 괜히 아버지가 중풍에 걸린 사정을 알려서 처녀 집에서 혼담을 깨지나 않을지 더 염려하셨다. 다행히 얼마 후 "저쪽에서 양해를 얻었다"

는 형님의 전갈과 함께 혼사가 빠르게 진행되어 형수는 우리 집 새 식구가 되었다.

형수의 친정은 경북 영천이다. 그야말로 산도 설고 물도 선 양산인데, 결혼 당시 나이 스물 세 살이었다. 지금 같으면 한창 놀기 좋아할 어린나이에, 아침에 남편이 출근하고 나면 종일 호랑이 같은 시어머니와 거동도 못하는 시아버지를 모셔야 하는 시집살이였다.

아버지 수발을 힘에 부쳐하는 어머니 대신 형수가 아버지 대소변을 받아냈고, 여름에는 하루도 빼지 않고 목욕을 시켜드렸다. 이발소에 가시지 못하는 시아버지를 위해 손수 미용기술을 익히기까지 했다. 조카들도 "어머니 때문에 미용실 가서 멋 부려 볼 기회가 없다"고 툴툴거렸지만 모두 집에서 머리를 자르며 성장했다. 고생하는 어머니를 안쓰러워하면서도, 그 모습을 보고 배워 하나같이 반듯하다.

형수가 시집오기 직전에는 주위에서 임종 준비를 하라고 할 정도로 여러 번 위기를 넘긴 아버지도, 형수의 세심한 병구완 덕분에 꼬박 15년을 더 계시다 돌아가셨다. 문상을 온 분들은 우리 남매들에게 "너희들 같은 효자효녀가 없다"며 칭찬을 아끼지 않으셨다.

하지만 그 말을 들어야 할 사람은 우리 형수밖에 없다. 아버지도 숨을 거두시기 전 "내가 대통령께 건의해서라도 나라에서 니한테 효부상을 내리도록 하고 싶었는데 그걸 못하고 간다"며 형수께 고마움을 표하셨다. 아버지가 돌아가신 후에는 조금 편히 지내도 좋을 텐데, 어머니와 함께 식당을 꾸려 살림을 일구었을 정도로 평생을 억척스럽게 살았다. 지금도 형님과 함께 고향 마을 교리에서 작은 식당을 운영하는 탓에, 하루도 손에 물미를 날이 없다.

나는 평소 형수에 대해 "내 몸 한쪽을 잘라 드려도 그 은혜를 다 갚을 수 없다"고 말하곤 한다. 세월의 무게를 못 이겨 나날이 흰머리가 늘어가는 우리 형수님, 늘 고맙습니다, 감사합니다.

# 벼랑 끝에서 시작한 CEO 생활

1986년 11월 어느 늦저녁, 겨울이라기에는 아직 이른 시기였다. 그런데 몸이 으슬으슬하면서 몸살기운이 느껴졌다. 목을 움츠리고 걸음을 서둘러 봉고차에 올랐다. 럭키금성 창원공장에 들렀다 귀가하는 길이었다. 군을 제대하고 매형이 운영하던 기계제작 공장 일을 돕다가, 회사가 어느 정도 궤도에 오른 것을 보고 독립한 지 1년 반쯤 되던 때였다.

아직은 자본이나 확실한 일거리를 확보한 것도 아니어서, 매형 회사에서의 경험을 밑천 삼아 여기저기 사업 아이템을 찾아다니고 있던 중이었다. 회사측 영업 담당자와 뜻이 잘 통해 기분은 가벼운데도 컨디션이 좋지 않아 집에 도착하자마자 자리에 누웠다.

막 잠이 들려는데 전화벨이 울렸다. 예감이 안 좋아 억지로 몸을 일으켜 전화를 받았더니 누나였다. 그런데, 목소리가 심상찮았다. 울음이 터져 나오기 직전의 울먹거림이었다.

"동생, 문관아, 놀래지 말고, 저기…."

"아따, 누나, 그 말에 더 놀래겠소. 무슨 일인교?"

매형이 교통사고를 당했다는 소식이었다. 울산의 럭키화학 현장에 출장을 다녀오던 길에서였다. 사업이 자리를 잡으면서 일거리도 밀려들기 시작하던 시점이다.

매형은 늘 트럭을 몰다가 며칠 전 업무용으로 승용차를 구입해 아직 임시넘버도 떼지 않고 있었다. 아침에도 전화로 몇 가지 의논을 했고, "둘 다 일찍 돌아와서 소주나 한 잔 하자."며 운전 조심하라고 당부했던 매형이 사고라니…. 누나 말로는 "병원에서 '어려울 것 같다'고 한다."는 거였다.

통화 당시 매형의 힘 있고 밝았던 목소리가 환청처럼 계속 울렸다. 미친 듯이 차를 몰았다. 병원에 도착하니 매형은 숨을 거둔 후였다. 청천벽력, 그 말로도 부족했다.

## 불의의 사고, 뒤따라 온 위기

장례 기간 내내 꿈인지 생시인지 실감이 안 날 정도였다. 머리가 텅 빈 것 같은 진공상태에 빠졌다가 깨어나곤 했다. 사람 좋기로 유명했던 매형이기에, 빈소에는 문상객들이 줄을 이었다. 유치원에도 채 들어가지 않은 네 명의 올망졸망한 조카들과 겨우 30대 중반인 누나는 넋을 놓고 있었다. 나는 문상객 접대에 바빴다.

그때, 누나가 빈소에서 어떤 분과 함께 나를 불렀다. 엎친 데 덮친 격이었다. 매형의 당좌거래가 부도처리돼 신문에 난 걸 보고 달려온 거래처 사장이었다. 회사에 근무할 때는 은행업무도 내가 봤기에 매형의 신용상태를 잘 알고 있었다. 성격상으로도 부도를 낼 분이 아니었다.

은행에 연락을 했더니, 법인이 아닌 개인의 당좌계좌는 고객이 사망하면 자동적으로 '거래정지'가 되고, 그걸 다른 말로 하면 부도처리와 같다는 답변이었다. 계좌에 잔고가 있는데도 부도라니 모순이지만, 계좌의 주인이 부재상태니 거래를 정지한다는 데야 달리 할 말도 없었다. 금융규정이 그렇다는 걸 그때서야 알게 됐다.

3대 외동으로 귀하게 자란 매형은 남에게 싫은 소리나 아쉬운 소리를 못하는 성품이었다. 받을 돈조차 독촉을 하지 못했다. 한참 날짜를 넘겨서야 3개월짜리 어음으로 들어오는 경우가 허다했다. 현금화 하자면 '와리깡'이라고 해서 2부 선이자를 떼였으니 앞으로 남고 뒤로 밑지는 거래가 한두 번이 아니었다. 반대로, 줄 돈은 약속을 어긴 적이 없었다. 급전이 필요하면 누나가 뛰어 다니며 융통했다. 사채를 빌려서라도 어떻게든 돈을 끌어왔던 누나지만, 막상 회사가 돌아가는 사정을 소소한 부분까지 알지는 못했다.

## 사람이 떠나면 인심도 흔들린다

나 역시 난감했다. 회사를 떠난 지 한참이었고, 최근의 거래관계는 매형에게서 지나가는 얘기처럼 들었던 내용들이 더러 있는 정도였다. 무엇보다, 2개월 3개월 후에 결재가 돌아오는 당좌수표까지 한꺼번에 부도 처리된다니 낭패였다. 누나와 의논 끝에, 장례 후 모든 거래처에 통지해 한자리에서 대화를 나누자고 날짜를 잡았다.

매형을 장지에 모시고 나서, 누나와 머리를 맞댔다. 우선 회사를 어떻게 할지부터 결정해야 했다. 누나는, 매형이 어떻게 일군 회사인데 이제 와서 문을 닫을 수는 없다는 의견이었다. 물론 나도 생각이야 같았지만, 막막했다. 누나는 "어차피 창업 때부터 얼마 전까지 함께 해왔으니, 니만 도와주면 힘들어도 꾸려 갈 수 있지 않겠냐?" 고 내 의중을 물었다.

하지만 그때와 지금은 사정이 다르지 않은가. 매형이 운영할 때는 도와주는 입장이었지만, 누나가 회사를 맡아 잘못되기라도 하면 고스란히 내 책임이라는 중압감이 덮쳐 왔다.

당장 발등에 떨어진 부도사태부터 큰일이었다. 그렇다고 회사 문을 닫으면, 누나는 빚만 떠안고 길에 나서야 할 판이었다. 직원들도 자신들의 앞날이 어떻게 될지, 초조한 눈빛으로 지켜보고 있었다. 회사로 나가 재정상태와 거래내역부터 살펴보기로 했다.

세상인심이라는 게 그랬다. 매형과 더 없이 친한 사이로 알고 있던 분들도, 막상 매형이 화를 당하고 나니 "내 돈부터 내놓으라."고 조르고 있었다. 문상을 와서 "자네 매형에게 갚을 돈이 있다."고 말한 사람은 아무도 없었다. 경리 장부에는 다행히 입출금 내역과 미수금, 미지급금 등이 자세히 기록되어 있었다. 매형의 업무수첩에서 거래의 진행과정도 대부분 파악할 수 있었다.

사실 나도 평소 일정이나 사소한 부분까지 메모를 하는 편이다. 바로 매형으로부터 익힌 습관이다. 사업 특성상 여러 업체의 현장을 뛰어다녀야 했는데, 매형은 "'나중에 회사 들어가서 챙겨야지.' 했다가는 바쁘게 움직이는 사이 까먹게 된다."면서 항상 '즉시 메모'를 강조했다.

## 폐업이냐 도산이냐, 위기의 두 갈래길

회사 재정을 파악한 후, 누나와 나는 채권자들을 회사로 모셨다.

이야기를 어떻게 풀어나갈까, 사전에 문제를 하나하나 체크해 보았다. 11월말 기준으로 정산을 하면 그달에 입금될 돈이 6천만 원 정도, 지급해야 할 금액도 비슷한 규모였다. 하지만 이미 부도가 났으니, 결재시기가 도래하지 않은 수표들까지 회수하려면 몇 배의 자금이 필요했다. 거기다 어느 회사 할 것 없이 가장 자금압박이 심한 연말이 눈앞이었다. 미수금은 미리 당겨 받는 건 고사하고 아예 떼먹으려 들지도 모를 일이었다. 매형의 빈자리가 너무 컸다.

줄 돈 받을 돈 관계없이, 모든 거래처 대표들을 한 자리에 모았다. 매형이 납품하던 회사 중에는 대기업도 여러 곳 있어서, 영업부장이나 기술부장들이 참석했다.

1. 회사의 사정을 있는 그대로 공개하자.
2. 인간적으로 호소해서 회사를 정상화할 때까지 시간적 도움을 청하자.
3. 황망중에 미처 연락드리지 못한 점 죄송하다.

발표할 내용을 몇 가지로 요약한 메모를 들고 그분들 앞에 섰다. 몹시 떨렸다. 그때 내 나이 겨우 서른두 살이었다.

먼저, 채권단에 호소했다.

"여러 사장님, 얼마 전까지 이 회사 영업 책임자로 일했던 조문관입니다. 개인적으로는, 타계한 사장님의 처남 되는 사람입니다. 제가 회사 금전출납부와 대차대조표를 살펴보니, 여러분 앞으로 남아 있는 미지급금을 해결하는 데는 별 문제가 없습니다. 다만, 시기가 문제입니다. 부도 수표라고 모두 한꺼번에 결재 요구하시면 회사 문을 닫는 도리 밖에 없습니다."

각 회사 대표들의 눈이 나의 얼굴에 집중되었다.

'그러니 어쩌자는 말이냐?' 궁금한 표정이 역력했다.

"연말이라 자금사정도 어려운 시기에, 더 불안하실 줄 압니다. 하지만 부도처리만 안 되었다면 이달 입금액만 해도 날짜가 도래한 수표를 결재할 정도는 됩니다. 다만, 가진 돈을 모두 드리고 나면 직원들 월급이나 운영비가 없습니다. 일단 한 달만 여유를 주십시오. 매형이 안 계신 이상 믿고 거래를 하기 어렵다고 판단하시는 분들께는 두 달 후, 정확히 1월말에 전액을 결재하겠습니다. 계속 거래를 하시겠다는 분들께서는 회사 정상화를 위해서 좀 더 도와주십시오. 석 달 후인 2월말부터 다달이 나눠서 결재를 해드리겠습니다."

## 진심을 담으면 말(言)도 힘이 세진다

진심 어린 호소에 대부분의 회사가 동의를 해주었다. 안도감이 밀려오면서 나도 모르게 휴, 한숨이 나왔다.

이번에는 누나와 내가 회사를 꾸려가도 일을 계속 맡겨 줄 것인지, 납품처 쪽의 뜻을 물었다. 다들 작고한 매형과의 정을 생각해서라도 거래를 계속하겠다, 다만 품질을 유지해 준다는 '조건부'라는 대답이었다. 감사를 드리면서, 넉살좋게 가능하면 당분간은 결재도 좀 더 앞당겨 주시면 좋겠다는 부탁도 덧붙였다. 매형의 급작스런 타개로 인해 엉겁결에 회사를 떠맡게 된 것이다.

무수한 불면의 밤을 지새워야 하는 경영자의 세계에 첫발을 내딛은 순간이었다. 지금 생각해도, 그날 자리를 함께 했던 분들이 정말 고맙기만 하다. 원자재를 받아오는 회사들이 대부분이 중소기업이고 그 어려움을 누구보다 잘 알기에 공감해 주셨던 것이다. 회사의 주력 생산품목이 여러 번 바뀐 지금까지 거래를 계속하는 분들도 여럿 있다. 지역 대선배인 권성찬 형님(87)께서는 회사와 관계도 없는

데 걱정스런 마음에 그 자리에 참석해 조정자 역할도 해주시고 조언도 아끼지 않았다.

벼랑 끝에 선 회사를 수습하는 과정에 배운 것은, '진실의 힘'이었다. 만약 누나나 내가 임시방편으로 구구한 핑계를 내세웠다면, 그들로부터 어떤 배려도 얻어내지 못했으리라. 살림만 해 온 주부와 서른을 겨우 넘은 '아마추어 2인조'가 산전수전 다 겪은 그분들을 설득할 방법은, 진정성 외에는 애초에 없었던 것이다.

회사 경영을 맡은 이후, 나는 어려움에 부딪힐 때마다 30년도 더 지난 1986년 11월의 업무수첩을 꺼내 읽어 본다. "사정을 있는 그대로 공개하자, 진심을 다해 설득하자…." 그날의 기억을 떠올리면서 스스로 다짐해 본다. 세상에서 가장 강한 것은 진심어린 마음의 힘이라고.

## 창업 40년, 무모했기에 가능했던 공장 설립

1979년 현대기계공업이라는 이름으로 문을 열었던 우리 회사는, 90년 법인으로 전환했다가 2012년 (주)세진 큐앤택으로 상호를 바꾸었지만 올해로 창업 47주년을 맞는다. 돌이켜보면, 겁 없는 선택이자 무모한 도전이었다.

창업주였던 매형은 가까운 동면東面 출신의 지역 선배인데다 내가 유독 따르던 셋째 누나의 부군이어서 친형이나 다름없이 지낸 사이였다. 군 복무시절 면회도 자주 다녀가곤 했다.

그런데, 제대를 앞뒀을 때 면회를 와서는 심각한 이야기를 꺼냈다. 회사를 하나 차려보려고 한다는 이야기였다.

매형은 고향에서 제법 부농이었다. 규모가 상당한 젖소농장을 경영 중이었다. 아는 거라고는 소 키우는 재주 밖에 없는 양반이 회사라니, 뭔 소린가 하다가 머리에 떠오르는 게 있었다. 당시는 서주우유라는 회사가 화제였다.

유리병과 비닐봉지 포장으로 유통되던 우유를 종이팩이라는 새로운 용기에 담아내어 일대 돌풍을 일으키고 있었다.

"무슨 회사 말입니까, 우유 회사라도 할라고요?"

"처남, 그기 아이고…. 기계공장을 하나 채릴라 카는데 어떻노?"

매형의 대답은 엉뚱했다.

“기계공장요? 매형이 무슨 기계를 만든다 말입니까?”

“내가 그래서 처남하고 의논하는 거 아이가? 내하고 같이 일 쫌 해 보자.”

누나는 매형 뒤에 서서 내게 자꾸 눈짓을 보냈다. 무모한 계획을 말리라는 신호였다. 나 역시 마찬가지 심정이었다.

## 기술도 없이 일감부터 얻고 시작한 사업

“일감도 들어 와 있다. 니, 롯데제과 알제? 그 회사가 지금 양산에 공장을 짓고 있다. 생산라인에 들어갈 기계가 얼마나 많겠노? 내한테도 일을 쫌 준 기라. 한 6억 넘는다.”

롯데의 신격호 회장이 양산에서 가까운 울주군 삼동면 출신이라는 인연으로, 그 회사와 어떤 ‘줄’이 닿은 모양이었다. 기술은커녕 공장도 없이 계약부터 따놓았다는 말에 기가 막혔다. 말리려던 마음이 오히려 “서두르지 않으면 매형이 큰 실수를 하겠구나.”하는 걱정으로 바뀌었다.

제대를 하자마자 허겁지겁 매형의 공장으로 달려갔다. 제대 서너 달 전 이미 공장 문을 연 매형이, “일이 제대로 안 돼 파김치 신세”라며 SOS를 보내고 있었다. 공장을 구하는 데만도 애를 먹었다고 했다. 기계제작 관련 업체가 밀집한 부산 사상공단을 모조리 훑다시피 했지만, 적당한 곳을 찾기 어렵더라는 것이다. 설비에 워낙 돈이 드는 업종이라서 공장을 구하는 데는 최소한의 자금 여력밖에 없었다.

그러니 위치가 마음에 들면 면적이 좁았고, 면적이 적당하다 싶으면 임대료가 턱없이 비쌌다. 그때 마침, 사상공단에서 공장을 하고 있는 아는 분이 떠올라 도움을 청했더니 일이 의외로 쉽게 풀렸다고 했다. 그는 사상공단에서 매형이 계획 중인 업종과 같은 기계제작 공장을 하고 있었다. 매형과는 말하자면 '사돈의 팔촌' 쯤 되는 사이인데, 동갑이라서 친구처럼 지낸 김 아무개 사장이었다.

그가 지금은 제법 경기가 좋아 빈 공장 찾기가 어렵다, 다른 데로 확장 이전하는 회사를 찾아야 하는데, 들어올 사람이 있다는 걸 알면 차일피일 공장 설비를 빼주지 않고 권리금을 요구하는 등 어려움이 많다, 자상하게 조언을 하더니 "서로가 불편하겠지만, 차라리 우리 공장을 좀 나눠 쓰면서 일부터 시작하는 게 어떠냐?"고 선뜻 제안하더라는 것이었다.

150평 공장에서 매형이 잘라 받은 공간은 50평 남짓했다. 일종의 전전세였다. 사무실은 책상 다섯 개 중에서 한 개를 할당받아, 매형이 앉아 있으면 내가 서 있고 내가 사용할 때면 매형이 서 있어야 하는 형편이었다. 공장도 선반旋盤과 밀링기milling 등 금속 가공기계 두어 대씩을 넣으니 빈 공간이 없을 정도였다.

그래도 임대료에 대한 걱정이 가벼워진데다 원래 기계제작 공장이어서 도움을 받을 수 있는 공정工程도 많았다. 김사장은 기술적인 면에 세세히 조언을 해주었고, 납품기일이 촉박하면 자기 설비를 가동해 작업량을 맞춰주기도 했다. 일이 어느 정도 손에 익을 무렵부터 더욱 바빠져, "롯데에 납품할 기계를 만드는 4개월만 일을 봐주고 가겠다."고 했던 매형과의 약속은 물 건너가고 말았다.

내가 봐도 몸을 빼낼 사정이 되지 않아 말 한마디 못하고 열심히 일에 매달렸다.

김사장이라는 분이 특히 고마운 건, 오더Order를 준 업체가 현장 실사를 나오면 'OO기계'라는 그 회사 간판을 떼고 '현대기계공업사'라는 우리 간판을 걸게 해 준 점이었다. 우리 것과 그 회사를 합쳐 선반, 밀링, 보오링, 플레이닝 머신, 슬로팅 머신, 그라인딩 머신, 기계톱 등 공작기계들이 좍 깔려 있으니 누가 봐도 제법 그럴듯한 공장이었다.

군에 다녀오는 동안 '부가가치세'라는 낯선 제도가 생기는 등 나나 매형이나 세금에도 '까막눈' 처지여서, 우리 회계장부까지 맡아 주었다. 경리 직원이던 '미스 박'의 월급 절반을 부담하는 조건이었다.

## 우리만 몰랐던 '선심善心'의 다른 얼굴

이처럼 장점도 있었지만, 자꾸 도움을 받다보니 어느 사이 그에 대한 의존도가 높아져 있었다. 우리 회사가 받은 납품대금에서 적잖은 돈을 떼어 넘겨주는 일이 반복되었다. 세입자가 주인에게 하청을 주는 꼴이었다. 마침내 김사장에게서 "이렇게 무원칙하게 일을 하면 비효율적이니 차라리 작업량 일부를 떼어서 우리 공장에 넘겨 달라."는 제안을 받기에 이르렀다. 이익은 좀 깎여도 납품기일에 대한 압박이 줄면, 우리로서도 별 불만이 없는 조건이었다. 작업일정도 정확하게 계획을 잡을 수 있었다.

합의가 제대로 이행만 됐다면 서로에게 좋았을 것이다. 계약을 하고 나니 김사장이 조금씩 바뀌어 갔다. 원래부터 하던 자기 일에는 여전히 열심이었지만, 우리가 맡긴 작업은 늘 뒤로 처졌다. 만사태평, 내일 한다 모레 한다 미루다가 납품기일을 넘기기가 일쑤였다.

그런데도 김사장은 처음 정한 자기 몫은 정확히 받아갔다. 제 날짜를 맞추지 못하면, 계약액 1천만 원당 하루 30만 원의 지체보상금을 무는 것이 당시의 계약 관례였다. 납품이 자꾸 늦어지면 손해를 보는 건 둘째 치고, 신용이 떨어져 일감을 받기도 힘들 지경이었다.

같은 일이 되풀이되기에, 하루는 작심하고 사고를 쳤다. 야간작업이 있어 저녁을 먹으러 나갔다가 소주를 연거푸 두어 병 들이켰다. 마침 매형이 일찍 나간 날이었다. 김사장도 술 약속이 잡혔는지 공장 앞에 '브리사' 차량을 세워 둔 채 퇴근하고 없었다. 나는 해머를 들고 나가 유리창이며 문짝이며 가릴 것 없이 내리쳐, 차를 박살내고 말았다. 사무실까지 때려 엎었다. 가슴이 후련했다. 모른 척 다시 공장으로 들어가 앉았지만, 일이 손에 잡히지 않았다.

## 대형사고 쳐도 "잘했다" 격려해 준 매형

막상 생각하니 뒷감당이 큰일이었다. 그때만 해도, '자가용'은 재산목록 제1호, 성공한 사람의 상징이기도 했다. 그걸 완전히 박살냈으니, 사고도 이만저만 대형 사고가 아니었다. '자수'를 하는 수밖에 도리가 없었다. 무거운 마음으로 매형 집에 전화를 했다. 마침 방금 들어왔다며 전화를 받는 매형에게 자초지종을 고백했다.

"매형, 오늘도 ○○회사에서 들어오라 캐서 갔다 왔습니다. 설비가 왜 계속 늦냐고, 인자는 지체보상금 가지고는 안 되고, 직원들 월급하고 생산차질 물량까지 보상해 달라 캅디다. 그래서 김사장 차를 함마로 찍어 뿌렀습니다."

잠깐 말이 없던 매형은 “그래, 얼마나 뿌쌌노? 수리는 되겠더나?” 물었다. 나는 맥없이 “아마 수리 안 될 낍니다. 완전히 내리 앉았습니다.”하고 대답했다. 꾸지람을 각오하고 있는데, 수화기에서 “그래, 잘 했다. 후련하제? 나도 속이 시원하다, 걱정하지 말고 훌훌 털어뿌라.” 뜻밖의 말이 흘러 나왔다. 한편으로 마음이 놓이면서, 매형도 얼마나 마음고생을 했기에 저럴까 싶어 착잡했다.

“처남, 이거 한 가지만 내한테 약속해라. 내일 아침에 김사장한테 가서 잘못했다고 정중하게 사과해라. 그래 하는 기 맞겠제?”

전화를 끊기 전 매형의 당부였다. 공장에서 밤을 꼬박 새고, 아침 일찍부터 초조한 마음으로 김사장이 나타나기를 다렸다. 하나 둘 출근하던 직원들은 공장 앞의 처참한 장면에 놀랐다가, 내 표정을 보고는 무언가 짐작한 듯 서로 수군거리며 차와 나를 번갈아 힐끔힐끔 쳐다보았다.

느지막이 출근한 김사장은 이미 매형에게서 내막을 들은 듯, 부서진 차 옆을 지나 말없이 사무실로 들어갔다. 뒤따라 간 나는 “사장님, 죄송합니다. 일은 자꾸 늦어지고 납품회사에서 저그 직원들 월급까지 물어내라 카는 소리에 술 한 잔 묵다가 열이 올라서 그랬습니다.”하고 고개를 숙였다.

아마 매형은 차 값을 고스란히 물어주었을 텐데, 그 일에 대해 다시는 한 마디도 하지 않았다. 사건 이후 달라진 점은, 김사장이 우리 일에 신경을 써주기 시작했다는 사실이었다.

## '미스 박'의 고백, 그 아픈 기억

남의 공장에 전전세로 들어가 우여곡절을 겪으면서도, 회사는 서서히 성장해 갔다. 대형 저장탱크, 각종 기계설비의 지지대 같은 단순 가공부터 금속 컨베이어 설치까지 갖가지 일감이 들어왔다. 직원도 열 명 가까이 됐다. 매형이나 나 역시, 설비에 대한 안목과 작업 요령이 조금씩 늘었다. 하지만, 까다로운 공정의 경우는 작업을 시켜놓고 직원들을 감독하는 것이 아니라 그들이 일하는 옆에 붙어 보조 역할을 하며 묻고 배우는 식이었다.

그런데도 공장이 돌아갈 수 있었던 것은 매형이 가진 남다른 성품 덕분이었다. 누구에게나 겸손하고 직원들에게는 자상했다. 일이 잘못되면 곧바로 사과하고, 손해를 보더라도 끝까지 책임지고 바로 잡아 주었다.

우리 회사의 일은, 남들 회사가 쉴 때면 더 바빴다. 거래처의 공장 가동이 멈추는 짧은 시간에 재빨리 A/S나 설비보강 등을 마쳐야 하기 때문이었다. 걸핏하면 밤샘 작업에, 토·일요일은 아예 없었다. 그렇다고 주말근무를 직원들에게만 맡기다 보면 두세 달이 안 돼 손을 들고 나가 버렸다.

당연히 매형이나 내가 작업반장 격으로 직원들을 인솔하거나, 그마저 여의치 않으면 아예 우리 두 사람이 현장 작업을 맡아서 해냈다. 아무리 작은 회사라 해도 사장이 직접 밤을 새서 문제를 해결해 주니, 거래업체에서는 누구나 인정하는 최고의 납품업체였다. 담당 부서에서는 드러내놓고 "이李 사장님하고는 거래를 끊고 싶어도 끊을 수가 없다."고 말할 정도였다. 물론, 거래를 끊을 이유도 없었다. 덕분에 거래처가 새 거래처를 소개해 주는 일도 심심찮아서 일거리가 계속 늘어났다.

그러던 참에, 퇴근시간을 앞두고 '미스 박'이 심각한 얼굴로 나를 찾아왔다. 우리가 세 들어 있는 공장의 경리였다. 20대 중반에 평범한 외모였다. 그래도 항상 생글생글 웃는 얼굴에 누구에게나 친절하고 일도 잘했다. 대인관계가 좋다 보니 은행이나 거래처 사장들도 항상 칭찬이었고, 직원들 사이에 인기가 높았다. 이웃 회사들에까지 '보물'이라고 소문이 날 정도였다.

"저, 조과장님. 오늘 퇴근 후에 시간 좀 낼 수 있을까예?"

"예, 별다른 약속은 없는데, 무슨 일입니까?"

"지금 말씀드리기는 쫌 그렇고예, 제가 먼저 나가서 기다릴 테니까, 한참 있다가 표 내지 말고 나오세요. 저기 서면 가는 쪽에 미미제과라고 양과자점 아시지예?"

## "너무 불쌍해서 알려 주는 거라예"

틀림없는 데이트 신청이었다. 알았다고 대답은 하면서도 난감했다. 나는 총각이라고 하지만 이미 임자가 정해진 몸이었다. 이제 군에도 갔다 왔으니 초등학교 동기로 이미 '장래를 약속한' 미래의 아내가 이제나 저제나 청혼만 기다리고 있었다.

그렇다고 내가 먼저 미스 박에게 "지금 데이트 신청하는 겁니까?"

물을 수도 없었다. "미안하다, 임자 있는 몸이다." 얘기하면 반응이 어떨까, 싫으면 싫다고 하지, 초등학교 동기하고 결혼 약속을 했다고요? 안 믿으면 어떻게 하나, 묘수가 떠오르지 않았다. 어떻게 자존심 상하지 않는 말로 이해를 시켜야 할까, 섣부른 연정을 품었던 부끄러움 때문에 회사를 그만두기라도 하면 어쩌나, 걱정이었다.

대충 자리를 정리하고 약속 장소로 향했다. 혹시 매형이라도 둘이 몰래 만나는 걸 본다면, 변명할 사이도 없이 나쁜 놈이 될 판이었다. 제과점이 다가올수록 저절로 주변을 두리번거리며 발길이 느려졌다. 문을 열고 들어서자 저만치 으슥한 구석자리에 미스 박이 다소곳이 앉아 있었다.

"오셨어예?"

한 마디 하고는 말이 없다. 시간을 끌다가는 구포에서 타야 하는 양산행 막차를 놓칠 수도 있었다. 미스 박도 집이 김해라고 했으니 비슷한 입장일 텐데….

"그래, 할 말이 뭡니까? 걱정 말고 이야기 해보이소."

재촉한다는 느낌을 안주려고 최대한 부드럽게 말을 붙였다.

어렵게 입을 뗀 그녀의 말은, 망치로 뒤통수를 후려치는 듯 충격적인 내용이었다.

"현대기계 사장님은 회사 차리기 전에 농사 지으셨다 카데예, 조 과장님은 제대한 지 얼마나 됐어예?"

왠지, 그런 촌사람들이 차린 회사라서 어수룩하다는 투의 말이었다. '어? 이게 아닌데, 이야기가 상상과는 다른 방향으로 가네….' 그래도 거기까지는 괜찮았다.

"두 분을 보면 참말로 불쌍해예, 우리 사장님도 나쁘지만 그래 당하면서도 눈치를 몬 챈다 카먼 정말로 답답하지예."

고백은 고사하고, 나와 매형을 도매금으로 '불쌍한 시골뜨기 콤비'로 단정하고 있었다. 미스 박은 자기 사장이 다달이 우리에게서 받는 월세만 해도 건물주에게 전체 월세를 주고도 남는다는 것부터 시작해 우리가 얼마나 '봉' 노릇을 하고 있는지 줄줄이 알려주었다.

## 세상을 배우는 데도 수업료가 필요하다

기가 찰 일이었다. 매형이 믿고 도움을 청했고, 때로는 애를 먹으면서도 늘 의지해 온 사람이었다. 그런 사람이 남도 아닌 매형에게 뒤통수를 치다니, 돈이 문제가 아니라 세상에 대한 믿음이 모조리 무너지는 마음이었다.

미스 박은 자기 사장이 해도 해도 너무 한다 싶어서 고민 끝에 알려주는 거라며, 누구한테 들었는지는 절대 드러나지 않도록 해 달라고, 아무에게도 말하지 말고 혼자 알고 있으라고 신신당부했다.

하지만, 결코 그냥 넘어갈 일이 아니었다. 한 이틀 고민한 끝에 매형에게 사실대로 전했다. 얘기를 하면서도 돈만 챙기고 제때 일을 해주지 않아 어려움에 처했던 일들이 새삼 떠올랐다. 이렇게 당하기만 하는 꼴을 보면서, 뒤에서 우리를 바보라고 비웃고 즐거워했을 그 얼굴에 침을 뱉어주고 싶었다.

매형은 듣기만 할 뿐 말이 없었다. 긴 시간이 흘렀다.

"처남, 이거 한 가지만 약속해라."

차분한 매형의 목소리에, 언젠가 들어 본 적이 있는 말이라는 생각이 들었다. 내가 미스 박네 사장의 차를 두드려 부쉈을 때였다. 매형은 꾸중을 하는 대신 내일 아침 김사장에게 사과하겠다는 약속을 당부했던 것이다.

"처남, 학교에만 수업료가 드는 기 아이다. 세상일에는 공짜가 없능기라, 수업료를 내고 배워야 안 까묵지. 비싼 수업료만큼 큰 거 배웠으면 됐다. 절대로 김사장에게 그 말 들은 거 표 안내겠다고 약속해라. 대신에 우리가 더 열심히 해서 하루 빨리 우리 공장 만들어 나가면 되는 거 아이겠나? 덕분에 돈 벌어야 될 이유와 의욕이 더 강해졌다, 이렇게 고맙게 생각하자."

매형은 그런 분이었다. 말처럼, 우리는 밤잠을 줄여가며 일하고 또 일해 1년 여 만에 그의 손에서 벗어났다. 김사장은 세월이 한참 흐른 후까지도 여전히 달세를 줘가며 원래 자리에 남아 있었다.

세월이 흐른 후 돌이켜보면, 그는 한낱 '장사꾼'이었다. 장사꾼은 당장 눈앞의 손해나 이익만 생각하지만, 사업가는 때로는 손해나는 일도 감수한다. 거래처 역시 그 사정을 모를 리 없다. 언젠가는 손해를 만회할 기회를 준다는 이야기다. 가는 정 오는 정, 상생의 원리이다. 정치꾼과 정치인의 차이도 마찬가지일 것이다.

김사장과는 매형이 세상을 떠난 후에도 계속 연락을 주고받았다.

업무 관계로 함께 외국에 다녀온 적도 있다. 그래도 나는 매형의 당부를 지켜, 괘법동 당시 일은 가슴 깊숙이 묻었다. 다만, 언젠가 누나에게 돈을 빌리러 왔더라는 말에, '참 양심도 없는 사람이구나.' 하고 다시는 편의를 봐주지 말라고 당부했을 뿐이다. 고마웠던 미스 박의 얼굴도 점차 희미해지다가, 지금은 아예 기억 저편으로 사라져 버렸다.

# 잊을 수 없는 얼굴들

## 도전정신 일깨워 준 멘토mento '가나이(金) 사장'

롯데제과 양산공장 건립과정에서 일부터 따놓고 앞뒤 없이 시작한 사업이 공장이 비좁을 정도로 성장하기까지는, '가나이(金) 사장'이라는 멘토mento가 큰 힘이 되었다.

80년대 초, 거래하던 수산물 가공회사 임원이 소개해 준 분이었다. 마산 진동鎭東 출신 재일교포로, 일본은 물론 국내에서도 수산업계의 '살아있는 전설'로 통하는 분이라고 했다.

우리 원양어업은, 그때까지도 일본에서 사용하다 선령船齡이 찬 중고선박을 들여와 수리개조를 거쳐 다시 몰고 나가는 형편이었다.

가나이 사장은 이 과정에서 독특한 영역을 확보하고 있었다. 남다른 안목에 탁월한 경륜까지 갖춘 덕분에, 그에게 중고도입 선박의 수리 개조 컨설팅을 맡기면 전혀 새로운 배가 재탄생한다고 정평이 나 있었다. 60대 노익장으로 현장 총괄 지휘까지 맡아, 한 건당 컨설팅 대금이 2억~3억 원에 달할 정도였다. 일제시대 동경일고(東京第一高等學校)를 거쳐 동경제대東京帝國大學 조선공학과를 나온 천재였다. 원래는 잠수함과 군함을 설계하는 것이 꿈이었다고 한다. 이승만 정부 때 30대의 나이로 대한조선공사 전무를 지내기도 했다.

우리 작업현장을 두어 번 둘러본 후부터, 가나이 사장은 유독 나를 챙겨 주셨다. 맡은 일에 최선을 다하는 자세가 마음에 들더라는 것이었다. 선박 개조 컨설팅을 맡으면, 작업 일부는 꼭 우리 회사에 맡기도록 권해 주곤 했다.

나 역시 고마움을 잊지 않았다. 그가 한국에 온다는 연락을 받으면 아무리 바빠도 차를 몰고 김해공항으로 마중을 나갔다. 당연한 예의이기도 했지만, 함께 다니며 나누는 대화가 하나같이 소중한 정보나 가르침이었으니 마다 할 이유가 없었다.

그가 종종 강조한 말은 "비지니스 맨이라면 국제화 시대에 대비하라."는 거였다. 자기만 해도 동경에서 아침 먹고 건너와 서울에서 일을 보고 저녁 비행기로 돌아가는 날이 많은데, 한국 사람들은 아직도 일본에 다녀오는 걸 "해외에 갔다 왔다."고 한다며, 사소한 말 한마디에서 사고思考의 차이를 알 수 있다고 지적하곤 했다.

과연 얼마 후 친지초청방문(82. 7. 1시행), 관광여행(83. 1. 1) 등 단계적으로 해외여행 자유화 조치가 이루어졌다. 해외에 나간다는 게 대단히 '큰 일'로 여겨지던 시절, 가나이 사장은 이미 변화를 예견하고 있었던 것이다.

어쩌다 내가 일본 출장을 가는 경우에는 그가 극진해 환대를 해주었다. 호텔을 잡아놓아도 억지로 끌고 가서 자기 집에 묵도록 했다.

부인은 전형적인 일본 여성이었다. 조용하고 우아한 몸가짐에, 얼굴은 늘 잔잔한 미소를 잃지 않았다. NHK 앵커 출신이라고 했다. 첫 방문 때는 다음날 아침 눈을 뜨고 얼마나 놀랐는지 모른다. 그 귀부인이 오차(お茶) 한 잔과 정갈한 수건을 담은 쟁반을 받쳐 들고 내 머리맡에 끓어 앉아 있었던 것이다. 무슨 일인가 당황했더니, 가나이 사장은 전통적인 일본 가정의 법도라며 아무렇지도 않은 듯 말했다. 불편하고 죄송스러워 말리느라 진땀을 흘렸다.

여러 번 신세를 진 끝에 부부를 초청해 모신 경주 여행길에서, 부인은 손수 만든 선물이라며 곱게 포장한 꾸러미 하나를 아들 녀석에게 쥐어 주었다. 안에는 손바느질로 작은 천 조각을 이어 만든 앙증맞은 윗도리가 들어있었다. 대단한 재산가의 부인이면서, 돈을 아까워한다기보다 검소함이 몸에 밴 분이었다.

가나이 사장도 한국에 올 때마다 꼭꼭 아들의 선물을 빠트리지 않았다. 주로 자그마하면서도 정밀한 로봇이나 조립완구들이었다. '일본 할아버지'가 오신다고 하면 녀석은 며칠 전부터 들떠서 기다리게 되었다.

귀국하면 그가 가장 먼저 향하는 곳은 진동의 고향 선영先塋이었다. 부모님 산소에 절을 올릴 때는, 엎드려 한참 동안 일어나지 않는 적이 많았다. 부모님의 묘소 아래 자그마한 봉분 하나가 더 있었는데, 그 앞에 말없이 앉아 시간을 보내기도 했다. 비석도 없이 따로 떨어진 초라한 무덤이었다. 가나이 사장의 얼굴에서는 안타까움이랄까 외로움이랄까 묘한 느낌이 묻어났다. 혹시 부친의 소실小室 무덤일까? 그렇다면 그 '작은 마누라'가 어머님일까? 몇 번 주저하다 조심스레 누구의 무덤인지 물어보았다.

마침 대여섯 살 무렵의 아들 녀석을 데리고 갔던 날이었다. 가나이 사장은 우리 아이를 가만히 바라보다가, "꼭 저만할 때야, 어린 동생이 교통사고로 죽어 여기 잠들었어. 마을 뒤에 갓난아기들 시신을 묻는 '애장터'라는 데가 있었지만, 동생은 제법 몇 살 먹었고 다행히 선산도 있었으니 그나마 봉분이라도 갖게 된 거야."라며 눈길을 멀리 남해바다로 던지고 생각에 잠겼다.

"조사장, 자네는 나를 어떻게 보는가?"

"예? 무슨 말씀이신지?"

"내 삶이 자네 눈에 어떻게 비치는지 궁금해서 하는 말이야."

"다른 건 몰라도, 주위 모든 사람의 존경을 받는 분이라는 점은 자신 있게 말씀드릴 수 있을 것 같습니다. 저부터 그렇게 생각합니다."

"그래, 나를 성공했다고 보는 사람도 있겠지. 젊은 시절 잘 나가던 세월도 있었고, 돈도 적잖이 번 게 사실이지. 하지만 나는 실패한 사람이야. 오늘 모습만 해도 그렇지 않은가? 아내나 아이들은 여기에 꼭 한 번 다녀갔어. 나야 한국인이지만 그 사람들은 모두 일본인이거든. 이곳에 무슨 애정이나 관심이 있겠는가?"

그분은, 부모님의 산소 앞에서 늘 자신의 사후死後를 생각했던 것이다. 자기는 죽으면 반드시 이 선영에 묻힐 텐데, 아내나 아들이 과연 산소에 몇 번이나 찾아 올 것인가 생각하면 가슴에 찬바람이 인다고 했다. 결국 자신이 죽는 순간 아내나 자식들과의 인연이 끊어지는 거라는 말에, 덩달아 마음이 시려 왔다.

"걱정 마십시오. 듣기에 어떨지 모르지만, 제가 있지 않습니까. 저도 나이 들어 산에 오르기 힘들어지면, 여기 익현이에게 당부해서라도 묘소는 꼭 돌보겠습니다."

주제넘게 들릴 수도 있어 조심스레 말했더니, 가나이사장은 빙긋이 웃으며 아들 녀석을 바라보았다.

## '성공한 재일교포'의 빛과 그늘

가나이 사장의 조국에 대한 애정과 고향사랑은 평소에도 느끼던 바였다. 그는 '가와하라(かわはら)' '이와모도(いわもと)' 등 두 명의 일본인을 거느리고 있었다. 거래 때 두 사람이 만들어 온 계약서 초안에 한국업체에 불리한 조건이 들어있으면, 가나이 사장은 반드시 그 부분을 지적하며 수정하라고 지시했다. 두 사람이 "이 정도면 한국 업체도 충분히 동의할 것입니다."라고 만류하면, 가나이 사장은 "이 사람아, 나도 한국인이야!" 호통을 쳤던 것이다.

두 사람에게서 전해들은 말로는, 어군 탐지기魚群 探知機도 가나이 사장이 일본 최초의 개발자였다. 우리나라는 물론 일본도 1960년대 초까지는 순전히 경험과 눈대중으로 그물을 내리는 관행어업慣行漁業 수준에 머물러 있었다. 그러다 해외 출어가 시작되자, 낯선 원양遠洋에서의 그물질은 '깜깜이 조업'이 불가피했다. 운수가 좋아 만선일 때도 있지만, 기름만 때고 빈 배로 돌아와야 하는 경우도 부지기수였다. 잠수함 설계가 꿈이었다는 가나이 사장이 레이더의 원리를 응용해 개발한 어군탐지기는, 일본 수산업계에 그야말로 '밤길의 등불'처럼 획기적인 장비가 되었다.

지금은 손목시계 모양의 휴대용, 스마트 폰 어플까지 나왔지만 당시로서는 혁명적인 제품이었다. 그러나 가나이 사장은 오히려 커다란 좌절을 경험했다고 한다. 은행 당좌거래거래가 불가능해 모든 거래를 현금으로 해야 하는 탓에, 제품 대량생산 등 사업규모를 키울 수가 없었다고 한다.

한국인이라는 신분이 벽이었다. 일본으로 귀화하고 일본 이름으로 개명하면 간단히 해결될 문제였다. 그때도 가나이 사장은 "나는 한국인이야." 단호한 한마디로 거절해버려 큰돈을 벌지 못했다는 이야기였다. '가나이 사장님'을 부를 때면 두 사람은 늘 손을 모으고 고개를 숙였다. 만난 지 얼마 안됐을 때는 나 역시 '가나이 사장님'이라고 불렀는데 언젠가 나를 돌아보며 "내 이름은 김O수야."라고 했다. 이후로 나는 "김사장님"이라는 호칭을 썼다.

## 외제의 절반가, 자동 포장기계 국산화 성공

전두환 정권 말기, 민주화 요구가 봇물처럼 터져 나와 노사환경이 급변하고 있었다. 노조의 목소리가 커지면서, 임금이 매년 30%씩 폭등하고 있었다. 기업들은 인건비를 줄이는 데 사활을 걸어야 했다.

거기에 착안해 우리 회사는 '카토닝 머신cartoning machine'이라는 자동 포장기계를 개발해 이른바 '대박'을 터뜨렸다. 기업체들마다 인센티브를 주거나 현상금까지 내걸고 무인화無人化 방안 찾기에 몰두하고 있던 차에 그 고민을 한 방에 해결해 준 설비였다.

모기향을 예로 들면, 생산라인에서 쏟아지는 제품을 수작업으로 종이 케이스에 넣어 두껑을 닫는데, 이 과정에서 손을 너무 빨리 놀리거나 힘조절을 잘못하면 제품이 부러져 불량이 나고 만다. 포장된 종이갑은 다시 일일이 세어 몇 십개 단위로 박스포장을 해야 한다. 휴식시간 점심시간도 주어야 하고, 장시간 작업을 하다 보면 집중력 저하와 피로 때문에 속도가 점차 느려진다.

아무리 숙련자라도 하루 1천갑 포장이 최대치였다. 이 공정에 사람 대신 우리 회사가 개발한 카토닝 머신을 설치하면, 라인당 1분에

60갑, 10시간이면 36,000갑을 처리해 36명분의 하루치 일감을 해치울 수 있었다. 24시간 가동하면 급료며 잔업수당도 필요 없이 100명 이상의 고용효과를 얻게 되었다.

물론 당시에도 이런 시스템은 있었다. 그러나 독일제와 일제 등 외국 제품들뿐이어서 1대당 당시 액수로 1억5천 내지 2억 원 이상의 구입비에 운송설치비까지 막대한 자금이 소요되었다. 따라서 웬만한 기업이라면 생산라인마다 설치할 엄두를 내기 어려웠다. 저임금 시대에는 굳이 필요성을 느끼지도 않았다.

그런데 우리 회사가 국산화에 성공해 반값인 대당 1억 원 이하에 설치 가능해졌다는 사실이 『월간 자동화기술』이라는 전문지를 통해 보도되었다. 기업들은 너도나도 관심을 보여, 문의전화가 쇄도했다. 맨 먼저 롯데제과의 '초코파이' 라인에 설치한 것을 시작으로, 제약회사의 모기향 생산라인, 골프공 생산라인 등 우리가 생각지도 못한 곳에서까지 발주를 해왔다.

개발 아이디어는 우연한 계기를 통해 만들어졌다. 어느 날 롯데제과에 다녀온 매형이, 피곤한 얼굴로 말했다.

"처남, 우리도 뭔가 독자적인 제품이 있어야겠어. 저장탱크 같은 가공분야만 가지고는 너무 힘들어. 아무래도 한계가 있으니까…."

아마 또 작업단가 문제로 실랑이를 했구나 싶었다. 매형은 평소 롯데제과를 드나들며 유심히 보았던 자동 포장기계에 욕심을 내고 있었다. 여공들이 죽 늘어서서 포장을 하던 초코파이 생산라인에서, 어느날 사람이 몽땅 사라지고 박스상태로 자동포장되어 나오더라는 것이었다.

그 말을 듣는 순간, 일본 출장길에 가나이 사장과 나누었던 대화의 한 장면이 떠올랐다. 함께 도쿄의 겨울 밤거리를 걷던 중이었다. 타코야끼(たこ焼き) 포장마차에서 모락모락 오르는 김과 고소한 냄새가 입맛을 자극했다. 누가 먼저랄 것도 없이 다가갔더니, 둥근 형태의 구이판이 자동으로 빙글빙글 돌아가고 있었다. 다 익고 나면, 구이판 밖에 달린 갈퀴가 꺾어져 타코야키를 재빨리 낚아 채 도시락처럼 생긴 포장용기에 순서대로 떨어뜨렸다. 주인은 그 위에 고명을 얹고 소스를 뿌려 손님들에게 내주기만 하면 끝이었다.

나도 모르게 유심히 지켜보고 있는데, 가나이 사장이 "저것 봐, 재미있지? 저런 게 바로 생활과학이야. 주변의 사물이나 단순한 시스템도 깊이 연구하면 무궁무진한 분야로 확장할 수 있는 거야."라고 말했다.

하찮게 보고 지나칠 수도 있었을 길거리 음식점에서의 경험과 가나이 사장의 조언은, 절간에서 흔히 말하는 '죽비 소리' 같이 귀한 가르침이었다. 참선수행에 정진하다 수마睡魔에 빠질 때 어깨를 후려치는 죽비소리, 단순히 잠을 깨우는 것이 아니라 정신을 흔들어 깨우는 그 '따악!'하는 소리 말이다.

매형과 함께 카토닝 머신 연구를 시작했다. 기본적인 작동원리는 타코야끼 구이판과 흡사했다. 좀 더 정밀하고 복잡한 작동구조를 파악하기 위해 수시로 롯데제과에 들러 라인을 관찰했다. 다양한 운반 기계 시스템 중에서 활용가능한 파트나 부품도 찾아보았다.

하나하나 퍼즐처럼 공정을 맞춰 나가는 과정에는 지대한 공로자가 있었다. 양산에서 가까운 삼랑진 출신의 김영진이라는 후배였다. 자기 말로는 중졸 학력이라고 했는데, 기계에 관한 한 원리부터 제작까지 어떤 공학자도 따를 수 없는 '박사'였다. 작동모습만 봐도 내부구조를 파악해 낼 정도였다. 심지어, 난생 처음 보는 기계라도 한 번 분해조립해보면 똑 같이 만들어 낼 줄 아는 능력을 갖고 있었다.

그 기계박사도, 카토닝 머신 개발과정에서는 애를 먹었다.

맨 먼저 '김박사'와 함께 롯데 엔지니어들에게 기술 자문을 구했다. 그들은 "소규모 업체의 기술력이나 자금력으로는 애초에 불가능한 일"이라며 개발 시도를 만류했다. 수시로 찾아가 얼굴을 익히고 마주 앉아 소줏잔을 기울일 정도로 가까워지자, 현장 팀장이 기회를 만들어 주었다. 다음 일요일에 일본 설비업체에서 분해 수리를 올 예정이니 가까이서 한 번 살펴보라는 것이었다. '김박사'와 나는 롯데 작업복을 얻어 입고 일본 AS팀의 작업을 도우면서, 분해된 상태에서의 자동포장기 내부구조를 확인할 수 있었다. 역시, 우리가 생각했던 것과 비슷했다. 관건은 정밀도였다. 수많은 톱니가 맞물려 돌아가는 아날로그시계처럼, 안을 들여다본다고 쉽게 흉내낼 수 없는 설비였다.

자동포장기계는 각 작동지점과 작동시간의 포인트가 0.01초만 오차가 나도 원하는 작업이 이루어지지 않는다. 그래서 제품 투입과

이송移送, 포장 등 각 공정별로 시스템을 만들고 그것을 서로 연결해 전체 라인을 구성하도록, 설계를 몇 단계로 나누어 진행했다. 구간별로 작동위치나 작동시간을 조정해 오차를 점차 줄여나가는 식으로, 이른 바 '경험칙'을 통해 정답을 찾아가는 방식이었다. 당연히 시행착오도 많았다.

이번에는 근사치를 찾았다 싶어 시제품 금형金型을 제작해도, 싣고와 조립해 보면 어딘가 문제가 나타났다. 한 군데를 해결하고 나면 다른 곳에 에러가 생겼다. 금형을 그라인더로 갈아내고 덧붙이고…. 이제 됐구나, 한 시름 놓으려 할 때면 전자제어 회로에 충돌이 발생해 작동하지 않는 경우도 있었다. 공장 구석에 야전침대 두 개를 나란히 놓고 함께 밤을 샌 날만도 다 꼽을 수 없을 정도였다.

마침내 성공을 확신하고 시험가동을 하던 날은, 밤 내내 두 사람이 번갈아 100m 달리기를 하느라 헉헉거렸다. 초코파이 수십 박스를 사다 풀어헤쳐 라인에 투입하고, 포장돼 나오기 바쁘게 들고 달려가 뜯어서 다시 라인에 투입해 보기를 되풀이하면서도 피곤한 줄 몰랐다. 전화를 받고 달려 나온 매형과 세 사람이 부둥켜안고 환호성을 질렀다.

'기계박사' 후배와는 그 뒤로도 파트너가 되어 여러 가지 연구개발 작업을 함께 했다.

한 번은 원양어선의 운반선 수리작업 현장에서 함께 작업 중일 때 가나이 사장이 들렀다. 내가 자랑 삼아 후배를 소개했더니, "우리 조 사장이 보물을 얻었구만." 하면서 말했다.

"그럼 내가 두 사람한테  숙제를 하나 줄 테니 잠 안 자고 연구해 볼래?"

"예, 무슨 숙젭니까, 사장님 말씀이라면 어떻게든 해결해 드려야

죠."

그러자 가나이 사장은 "내 문제가 아니고 자네 문제야."라면서 그 숙제만 풀면 회사가 크게 일어설 수 있을 거라고 장담했다.

"생각해 봐. 지금 수리하고 있는 이 운반선을 봐. 말 그대로 짐 싣는 배야. 저 먼 바다까지 가서 생선이라는 짐을 실어오는 게 전부란 말이야. 얼마나 비효율적이야? 고기를 어장에서 즉시 가공해 운송하면 부피도 줄고 선도鮮度도 훨씬 좋을 것 아닌가? 그때는 '짐'이 아니라 상품이지. 물론 '개척호' 같은 공모선工母船도 있지만, 그렇게 크고 육중해서는 기름을 퍼먹어 대니 차라리 운반선보다 못해. 무인자동화 기술을 연구해 보란 말이야."

## 밤을 낮 삼아 성공한 수산가공 자동화 설비

눈이 번쩍 뜨이는 말이었다. 가능할 것 같기도 했다. 당부한대로, 밤을 낮 삼아 연구에 몰두했다. 그가 말한 개척호는 대한민국 원양어업의 상징적 존재였다가 골치 덩어리로 전락해 있었다. 고려원양이 1973년 남아프리카공화국에서 구입한 2만 7,000톤급의 대형선박으로, 수리를 거쳐 이듬해 출항해 대규모 선단船團이 잡아 올리는 생선을 저장·가공하는 공모선工母船 역할을 했다.

그러나 1977년 미국과 소련의 '200해리 경제 수역' 선포로 외국어선의 어로 행위가 금지되자, 어장을 잃은 개척호는 부산 남항에 4년 동안 닻을 내리고 있어야 했다. 한미 합작 조업계획에 따라 1981년 1월 다시 북양北洋 출어에 나섰지만 타산을 맞추지 못해 고전 중이었다.(개척호는 결국 10년 후인 1992년 고려원양의 부도로 연결돼 바다에서 퇴출되는 운명을 맞고 말았다.)

내가 찾아내야 할 포인트는, 개척호 같은 대형 선단이 아니라 중소규모 선박에 적용 가능하면서도 효율이 높은 무인화 자동화 시설이라야 했다.

북양에 가 있는 개척호 대신, 시스템 개발에 도움이 되겠다 싶은 설비라면 전국 어디든 달려가 관찰했다. 가나이 사장의 소개를 받아 최신 설비를 갖춘 일본의 통조림공장이나 어묵 공장도 여러 군데 방문했다. 특히 기계구조에 능통한 그 후배와 동행한 덕분에, 겉핥기식이 아니라 생생한 현장지식을 쌓는 기회가 되었다.

국내외를 수없이 돌아 본 끝에, 우리가 필요로 하는 설비와 가장 비슷한 구조가 도계장屠鷄場이라는 결론을 얻었다. 살 처분한 닭을 행거(hanger, 갈고리)에 걸어주면 공정을 따라 털 뽑기, 개복開腹, 내장 적출, 절단 등이 차례로 진행되는 시스템이었다.

수많은 시도 끝에, 공중이 아닌 평면 컨베이어를 이용해 명태나 고등어 등 생선류의 머리와 내장, 꼬리, 지느러미 등을 제거한 후 몸통도 일정한 크기로 절단해 내는 과정을 자동화하는 데 성공했다. 획기적인 성과였다.

이제 우리 설비를 어선에 설치하면 생선을 잡아 올리는 즉시 가공작업이 이루어져, 선도는 높이고 운반선 운항회수는 훨씬 줄일 수 있었다. 라인 끝에는 분쇄시설을 달아서 내장 지느러미 등 부산물을 탈수, 고온 가열과정을 거쳐 어분魚粉으로 가공해 냈다. 비용을 들여 처리하던 쓰레기가, 20kg 한 포대에 2만~3만 원을 받고 사료공장에 판매하는 고가의 상품으로 변모하게 된 것이다. 돌리면 돌릴수록 '돈'이 되는 설비였다. 선박이나 육상공장 등 어디라도 설치할 수 있는 편리성까지 갖춰, 수산회사들의 주문이 줄을 이었다.

## 공산국가 '소련'에 기술 수출 성과 올려

특히 기억에 남는 실적은, 연방이 해체되기 전 공산국가 소련(USSR, Union of Soviet Socialist Republics)에 설비를 수출한 일이다. 1989년 1월의 일이었다. 울산의 현대미포조선에 수리차 입항한 소련 어선 '스파스크호'의 간부들이 묻고 물어 우리 회사로 찾아 온 것이 시작이었다. 두 명의 통역이 끼어 러시아어를 영어로, 영어를 다시 우리말로 옮겨가며 대화를 나눈 끝에, 그 선박에 우리 자동화 시스템을 설치하게 되었다.

막상 일을 진행하는 과정에는 애로가 한둘이 아니었다. 예정된 수리기간 안에 설치를 마쳐야 하는데, 조선소의 작업공정과 우리 장비의 설치공정이 겹치다 보니 일이 예상보다 까다로웠다.

대금 결재에서도 예상 못한 문제가 불거졌다. 초기에는 거래가 구상무역求償貿易 형태로 이루어져, 설비대금으로 받은 명태를 수산회사에 넘겼다. 그런데 소련 어선들은 대부분 3만 톤급 이상의 대형선박에 냉동설비는 낙후돼 어획물의 품질이 좋지 못했다. 선도가 떨어지거나 껍질의 상처 때문에 상품가치가 떨어져 제값을 받기가 어려웠다.

화폐거래로 전환하자, 이번에는 작업 완료 후의 잔금에 대해 입장차가 컸다. 지불보증 방법도 문제였고, 금융이자를 나 몰라라 하는 것이었다.

"처음에 얼마라고 계약을 했지 않느냐? 나중에 준다고 액수를 올리는 건 돈도 시간이 흐르면 새끼를 낳는다는 것과 같은 억지다."

우리 요구를 아예 사기나 억지라고 그야말로 억지를 부렸다. 대화를 하다 보니 그들에게는 '이자利子'에 대한 개념이 없었다. 이자가 무엇인지 인식시키느라 애를 먹었다. 그들이 경제적 가치의 절대기준으로 삼는 것은 '노동'이었다. 일당 80루블에 하루 8시간 일한다면, 시간당 10루블의 노동을 제공하는 것이 정당한 거래라는 식이었다. 일당 80루블을 받는다면 적어도 150루블 이상의 생산성을 올려줘야 기업이나 국가의 이익이 발생할 텐데, 그런 개념이 없었다.

어선의 운영도 극히 비효율적이었다. 18척의 자선子船이 쉼 없이 잡아 올린 어획물을 가공해 2~3척의 운반선이 실어 나른 2만7,000톤급 개척호도 타산을 맞추지 못했는데, 소련 선박은 단순히 어로작업을 하는 선박도 3만 톤급 이상에 선원이 600명에 달했다. 선원들은 고기가 잡히든 안 잡히든 놀지 않고 일하는 것으로 의무를 다한다고 여기고 있었다. 우리로서는 그 같은 사회주의 경제체제를 이해하기 어려웠다. '저러다 회사든 나라든 망하지 않으면 이상하다' 싶었는데, 오래지 않아 소련연방 해체소식을 듣게 되었다.

첫 거래가 이루어진 후 KBS 9시 뉴스에서 류근찬 앵커가 '소련 선박 미포조선 입항' 소식을 전했다. 우리 회사의 자동화 시스템 수출 사실도 함께 보도되어 어깨가 으쓱했던 일도 기억난다. 그 뒤로는 수리차 대성조선, 한진조선 등 부산에 입항한 소련 선박에 우리 설비가 많이 장착되어 회사는 호황을 누렸다.

배가 정박해 있는 동안에는 선장이나 어로장 등 선박 간부들과 접촉기회가 많았다. 그런데, 만남이 늘어가는 동안 이상한 점을 깨닫게 되었다. 작업하는 선박이 바뀌어도 늘 빠지지 않고 선박 관계자들과 동행하는 사람이 있었던 것이다. 초기에는 소련의 수산 관련 부처 공무원쯤으로 짐작했다.

나중에야 그가 소련 첩보기관인 KGB 요원이라는 사실을 알게 됐다. 선원들의 이탈을 감시하면서 해외 신기술에 대한 산업스파이 활동도 한다는 것이었다. 우리 작업현장을 유심히 관찰했던 이유도 짐작이 갔다. 그래도 교류하는 내내 서로가 그런 사실을 내색하지 않았다. 친구처럼 지내며 손짓발짓 농담도 하고 함께 양산 통도사, 부산 금정산 등 관광지를 안내해 주기도 했다.

그 당시 회사는 부산 부곡동의 주택가에 자리 잡고 있었다. 수산가공설비는 제작과정에 금속성 소음이 심했다. 또, 제품이 완성되면 방청도료防锈涂料라는 페인트칠 과정을 거쳐야 했다. 소금물에 상시 접촉하는 특성상, 녹이 나는 것을 방지하기 위한 처리였다.

하지만 이웃 주민들에게는 피해가 이만저만이 아니었다. 밤낮 없는 쇳소리에 페인트 분진까지 날아들어, 갓난아기를 키우는 가정들의 불만이 대단했다. 어떤 날은 출근하면 사무실 책상에 페인트가 앉은 아기 기저귀가 수북이 올려 져 있기도 했다. "당신들 눈으로 직접 보라."는 무언의 시위였다. 다 같이 자식을 키우는 입장에서, 백번 이해가 갔다.

공장을 옮길 마음은 굴뚝같았지만 도리가 없었다. 작업 물량이 밀려들어 계약에 쫓기는 상황에서 작업을 중단하고 공장을 이전하기란 불가능했다. 어쩔 수 없이 주민들을 찾아다니며 머리를 조아렸다. 오양수산 등 게맛살을 생산하는 국내 굴지의 회사들이 거래처였으므로, 명절이 다가오면 납품대금 대신 게맛살을 받아와 집집이 돌렸다.

나중에는 아예 대형 트럭으로 실어 날라 최대한 인심을 쓰며 3~4년을 버텼다. 끝내 주민들이 집단으로 법적 대응에 나설 정도로 상황이 악화되었다. 공장부지가 좁아 작업에 불편한 점도 한둘이 아니었다. 어쩔 수 없이 이전을 결심하게 되었다.

## "우리도 아파트에 살아보자", 양산 산막공단 이전

제품 특성을 생각하면 바다 가까운 부산의 녹산공단이나 울산, 기장 등지로 가는 게 맞겠지만 마땅한 부지를 구하기 어려웠다. 이왕이면 고향에서 경제활동을 하는 것이 좋겠다는 마음도 있었다.

고민 끝에 1990년 양산의 산막공단에 입주해 공장을 신축했다. .

설비 이전은 순조롭게 진행됐지만, 다른 난제가 있었다. 직원들이 양산으로 따라가지 못하겠다고 뻗대고 나섰기 때문이다. 당시 우리 회사의 선반공들은 하급 공무원 급료보다 배 이상의 월급을 받고 있었다. 나름대로 복지에 신경을 쓴 것도 이유지만, 그만큼 숙련도가 높은 기술자들이기도 했다. 데려 가겠다는 다른 회사도 있으니, 아이들 교육을 생각해서라도 양산 같은 '시골'로 이사를 갈 수는 없다는 거였다.

고민을 거듭하다 결단을 내렸다. 양산에 신축 중이던 성신아파트 열세 채를 구입했다. 아파트 붐이 일면서 근로자들에게 '꿈의 주거 공간'으로 여겨지던 시절이었다. 일단 회사 돈으로 구입한 아파트를 직원들에게 후분양하기로 하고, 부족한 금액은 월급에서 다달이 떼어 갚도록 했다. 그러자 직원 아내들이 먼저 "양산으로 따라 가자."고 성화를 해댈 정도로 일이 급진전되었다.

무사히 이전작업을 마치고 부지 600평에 건평 500평에 중 2층 규모의 번듯한 우리공장에 입주했다. 가나이 사장, 그리고 동고동락하며 땀 흘려준 직원들 덕분이었다.

## 잊지 못할 에피소드, '비밀 결혼' 우인대표

가나이 사장을 떠올리다 보면, 웃지 못 할 에피소드도 떠오른다.

그 분이 일흔 두 살 때였다. 서울에서 결혼식을 한다면서 "조사장은 꼭 좀 와 줘." 부탁을 했다. 그날따라 국제전화의 감이 좋지 않아, "예? 예?" 두세 번 되묻자, 부산의 모 호텔 가라오케 사장과 나, 단 두 명이 '우인대표友人代表'라는 거였다.

날짜가 다가와 입국한 그에게 "혹시 은혼식이나 금혼식이냐?"고 물었더니 "이 사람아, 아무개 여사가 새 신부야."라는 대답이었다. 부산에서 고급 일식집을 운영하는 40대 여인이었다. 함께 만난 적이 여러 번이어서 '그렇고 그런' 사이라고 짐작은 하고 있었다. 하지만 결혼식까지는 생각지도 못했었다. "일본의 사모님은 어쩌려고 그러십니까?"라는 질문이 목구멍까지 올라왔지만 입을 다물고 말았다.

결혼식은 성대했다. 유명 연예인이 사회를 보고, '새 신부' 쪽에서는 미모의 아가씨들이 대거 참석해 마치 연예인 결혼식을 방불케 했다. 그런데 한참 후 일본의 가나이 부인이 그 사실을 알고 전화를 걸어 왔다. 눈치 없는 가라오케 사장이 일본의 가나이 사장 '꼬붕' 두 사람에게 "왜 결혼식에 오지 않았느냐?"고 묻는 바람에 이야기가 부인의 귀에 들어갔던 모양이다. "조사장이 우인대표로 참석해 사진까지 찍다니, 어쩌면 그럴 수가 있느냐."고 원망을 했다. 미안한 마음에, 일본에 갈 일이 있어도 다시는 그 댁에는 들를 수 없게 되었다.

세월이 흘러 가나이 사장은 고인이 된 지 오래다. 경남도의원 시절 부산의 모 호텔에서 마지막 만났을 때는 초췌한 모습에 휠체어를 타고 나왔었다. 한국 부인은 휠체어를 밀면서 눈물을 훔쳤다. 얼마 후 타계 소식을 듣고 부산으로 달려가 빈소를 지켰지만, 장례기간이 끝나도록 일본의 가족들은 아무도 나타나지 않았다. 죽는 순간 일본의 가족들과는 인연이 끝날 거라고 했던 자신의 예견 그대로였다. 장례는 서울의 모 명문 사립대 이사장으로 있던 아우가 맡아서 치렀다.

장지는, 유언에 따라 고향 진동의 선영으로 잡았다. 산에 오르자, 인부들이 이미 묘광을 파놓고 기다리고 있었다. 부모님 유택의 바로 아래, 고인이 생전에 쓸쓸한 모습으로 앉아 있곤 했던 바로 그 자리였다.

그 후 거제나 통영 쪽으로 갈 일이 있으면 간간이 묘소에 들러보곤 했는데, 도의원 임기가 끝나면서 발길도 저절로 뜸해졌다. 그쪽 방면으로 오갈 일이 별로 없는데다 굴곡 많은 삶을 살다보니, 세월이 훌쩍 지나고 말았다. 5~6년 전인가 싶다. 마산에 갈 일이 있어 오랜만에 산소로 향했지만, 진입로를 알아볼 수가 없었다. 마산~고성간 국도 확장과 자동차 전용도로 건설로 주변 지형이 완전히 달라진 탓이었다. 시간에 쫓겨 다음 기회로 미룬 것이 아직도 숙제로 남아 있다.

내년 한식이 돌아오면, 그때는 열 일 제쳐놓고 산소를 찾아 술 한 잔 올려야겠다. 아들도 동행해서, "산소는 꼭 지켜드리겠다."고 했던 약속을 잊지 않도록 전하고 싶다. 조신하고 우아했던 일본 부인의 안부도 궁금하다. 세월이 많이 흘렀으니 아마 세상을 떴으리라 짐작할 따름이다.

# 때로는 무모한 용기도 필요하다

고향인 양산의 산막공단에 입주하면서 돌아봤더니, 남의 공장 더부살이 신세에서 산막공단에 자리를 잡기까지 꼭 11년이 걸렸다. 철공소 수준을 겨우 면했던 업체가 주식회사로 격을 갖췄고, 처음 50평 월세였던 공장 규모는 부지 600평에 꽉 차는 2층 건물을 보유하게 됐으니 나름대로 장족의 발전이었다. 주위에서 심심찮게 성공 비결에 대한 질문을 받으며 스스로 곰곰 생각해 보았다. 말처럼 그렇게 '성공'한 것은 아닐지라도, 우리 회사 성장의 동력은 R&D(연구 개발)였다.

연구개발의 중요성에 처음 눈을 돌린 것은 사상공단 시절이었다. 남의 공장에 더부살이하면서 '봉' 노릇을 한 기억 때문에, 매형이 타계한 후 나는 무리를 해서 공장부터 이전했다. 원래 위치에서 멀지 않은 지금의 르네시떼 자리였다. 보증금에 월세를 내는 건 마찬가지였지만 공장 규모도 더 커져서 매출액을 늘릴 방법을 찾아야 했다. 창업 초기부터 해오던 식품 저장 · 운반 설비는 주로 금속자재를 절단, 절곡, 용접 등으로 가공하는 작업이어서 노동강도에 비해 마진 폭이 크지 않았다. 공간이나 인력이 많이 들어 작업량에도 한계가 있었다.

그때 주목한 분야가 환경설비였다. 1970년대 중반부터는 성장주도의 경제흐름에 제동이 걸리면서 환경문제가 대두되었다. 국제적으로는 1975년 이미 런던 해양오염방지협약과 멸종위기종 동식물 거래금지협약이 발효되었다. 1977년에는 유엔환경개발(UNEP) 산하에 오존문제 조정위원회가 설치되고 79년 미국 국립과학아카데미가 온실효과(온난화)에 따른 지구의 위기를 진단하는 등 생물 다양성, 수질, 대기로까지 위험 신호등이 켜지고 있었다.

특히 우리 회사는 수산식품회사와 거래가 많았다. 공장을 드나들다 보면 세척, 가공 등 공정에서 쏟아진 탁한 폐수가 눈에 들어왔다. 악취나 벌레 등 위생에도 문제가 될 만 했다. 자연스럽게 하수(폐수) 처리에 관심을 갖게 되었다.

거래처 중에서 시설이 좋은 대형 수산회사의 환경담당자들을 만나 폐수처리장을 견학하며 기초부터 배워 나갔다. 쇠를 다루는 조그만 회사의 신출내기 대표가 환경설비를 공부하겠다니, 어떤 사람은 어이없어 했고 오히려 하나하나 친절히 가르쳐 주는 곳도 있었다.

## 어깨 너머 공부로 '실용신안 특허' 장비 개발

썩은 물과 그 속의 온갖 부패 유기물, 중금속 등을 물리적인 필터링filtering, 생화학적 분해과정을 거쳐 소량의 오니汚泥와 맑은 물로 환원하는 장치가 폐수처리시설이다. 공정도 복잡하고 대규모 시설이 요구된다. 핵심 과정은 커다란 연못 형태의 침전지沈澱池를 거쳐 미생물로 오염물질을 분해하는 공정이다.

폐수처리 공정을 어느 정도 익히고 나자, 원리는 의외로 간단했다. 오염물질을 분해하는 미생물의 활동을 극대화 해주는 것이 관건이었다. 미생물에는 공기를 필요로 호기성好氣性과 공기를 싫어하는 혐기성嫌氣性이 있는데, 물속에서 활동하는 것은 호기성 미생물이다.

때문에 폐수처리장에는 폭기조暴氣槽라는 시설을 두어 폐수에 공기를 강제 주입한다. 말하자면 호기성 미생물의 활동 에너지를 공급해 주는 것이다. 그러나 바닥에 파이프라인을 설치해 공기를 불어넣어도, 기포가 금방 수면으로 떠올라 효과가 약하다. 처리시설을 거치고도 기준치를 초과한 구정물이 배출돼 애를 먹거나 공기발생장치에 과부하가 걸려 모터가 망가지기도 한다.

나는 좀 더 효과적인 시스템을 고민하다 스크류screw 방식을 선택했다. 폭기조 바닥에 스크류 형태의 회전체를 설치해 공기를 분산시켜 살포하면, 원심력 덕분에 기포가 물속에 머무는 시간이 길어진다. 폐수 속의 찌꺼기도 함께 분산되어, 슬러지의 침전도 줄어들면서 미생물이 활동하기 좋은 환경이 조성되는 것이다.

횟집 수족관의 공기공급기부터 주방의 믹스기를 돌려보면서 원심력에 의해 중심부에 형성되는 공기층, 모터보트가 지나간 길에 스크류가 남기는 하얀 포말泡沫까지 관찰했다. 선진국의 폐수처리시설을 견학하며 국내 장비와 비교했고, 일본에서는 현장 책임자가 위험하다고 극구 말리는데도 잠수복을 입고 폭기조에 직접 들어가 구조를 살펴보기도 했다.

## '천막 전시회'에서 호평, 효자상품 노릇

개발한 장비는 우리말로 '수중 폭기기水中 暴氣機', 영어로는 '서브미지 아쿠아레이터Submerged aquarater'라고 불렀다. 기존 방식보다 공기 분산능력이 훨씬 개선됐다는 평가를 받아 실용신안특허도 획득했다. 특히 아쿠아레이터 끝에 체처럼 미세한 스테인리스 그물망을 부착, 공기방울을 아주 잘게 나누어 흩어지도록 한 덕분에 물속에서의 체류시간이 몇 배로 길어졌다. 파이프를 이용한 산기식散氣式에 비하면 하수처리장의 부지 면적과 가동비용을 더욱 절감할 수 있었다.

이 장비를 처음 선보인 무대는 현재 여의도공원 자리인 5.16 광장이었다. 전두환 정권이 '민족문화 계승과 대학생들의 국학에 대한 관심 고취'라는 명분으로 '국풍 81'을 기획한 후, 5.16 광장은 요즘으로 치면 코엑스 비슷한 공간으로 자리잡기 시작했다. 이듬해인 82년 이곳에서 열린 산업기계 · 장비 전시회에 제품을 내놓자 수처리 설비 생산업체는 물론, 폐수처리장을 가동 중인 업체들도 높은 관심을 보였다.

천막을 설치해 만든 전시부스가 북적거리는 바람에 아내도 현장 안내요원으로 투입되었다. 결혼을 앞두고 여행 삼아 동행했다가, 방문객들을 응대하는 '여직원' 역할을 맡게 된 것이다.

장비전시회 반응은 여러 건이 실제 거래로 이어졌다. 호평이 업계로 확산되면서 (주)대우, (주)엘지, 미원 같은 대기업을 비롯해 초고층빌딩인 삼성생명 사옥의 하수처리장, 여러 곳의 수산회사, 대전 · 충남북을 관할하는 대산지방 방제조합, 부산, 울산 방제조합 등 20여 개 민 · 관 폐수처리장에서도 이 설비를 도입했다. 한동안 우리 회사의 수익을 담당한 효자상품이었다.

사업은 순항했지만, 한편으로는 고민도 커졌다. 아무리 좋은 설비라도, 내 놓은 지 3~4년만 지나면 이미 '구형舊形이 되어 경쟁력을 떨어지기 때문이다. 심지어 막대한 개발비를 들여 신제품을 출시했다가 다른 회사가 손쉽게 '카피copy'해 내는 바람에 도산하는 사례도 흔하다. 설비의 처리 속도나 품질, 성능을 계속 업그레이드 해나가야 하는 건 기본이고, 분야별로도 특성화 다양화하지 못하면 얼마 안가서 도태될 위험에 맞닥뜨린다. 기호지세騎虎之勢, 달리는 호랑이 등에 올라탄 것처럼, 떨어져 죽지 않으려면 계속 앞으로 내달려야 하는 것이 기업하는 사람에게 주어진 운명인지도 모르겠다.

그러다보니 늘 시간과 싸워야 했다. 매출이 늘어난 만큼 AS 대상도 많아졌고 업계 동향 파악, 영업에다 2대 시의원 당선 후로는 의정활동까지 1인 3역, 4역을 맡아야 했다.

하루를 10분 단위로 쪼개고 잠을 줄여가면서도, 결코 포기할 수 없는 것이 연구개발이었다. 신기술 설명회나 학술발표, 장비 박람회 등은 가급적 참석했다. 어쩌다 시간이 나면, 크게 연관성이 없는 업종의 행사라도 관심을 가졌다. 직접 도움이 되지 않더라도 신제품 개발의 아이디어나 정보를 얻는데 유용했기 때문이다.

잘 살피면 공짜 기회도 많았다. 중소기업청이나 관련 업종의 각종 기관단체, 자치단체의 시장개척단 등 다양한 경로에서 기회를 제공하고 있었다. 주변에는 "거기 가봐야 무슨 뾰죽한 수가 있을라고…." 식의 반응도 있었지만, 나는 연구개발 분야라면 돈을 아끼지 않았다. 연매출 20~30억에 불과했던 때부터 열 배로 성장한 지금까지 변함없이 'R&D 10%' 원칙을 지켜왔다. 회사 소득의 10% 이상은 기술개발에 재투자한다는 자신과의 약속이다.

## 자비로 참석한 세계녹색당 대회

선진국의 첨단 기술을 배울 기회라면 외국에도 자주 나갔다.

지금도 기억에 남는 행사가 2001년 호주의 캔버라에서 열렸던 세계녹색당 대회이다. 기업체를 경영하는 입장이기도 했지만 현지 시의원의 신분이라 망설여졌다. 세계 60여 개국의 녹색당 대표들이 참석해 정치적 성격이 없지 않은데다, 우리나라의 새만금 간척사업 중단을 요구하는 대규모 집회도 예정돼 있었기 때문이다. 4월 14~16

일 3일간의 본행사 이전인 11일부터 열리는 다양한 부대행사, 폐막 후의 각종 세미나까지 열흘 이상의 일정에 비용도 만만찮았다. 그러나 환경 관련 국제행사에 빠지지 않는 환경설비 박람회는 여러 선진국들의 기술이나 장비를 한 자라에서 접할 수 있는 더 없이 소중한 기회였기에, 큰마음 먹고 여정을 잡았다.

4월 11일, 김해공항에서 개항한 지 얼마 안 된 인천공항과 호주 시드니를 거쳐 열다섯 시간이 넘는 비행 끝에 캔버라의 호텔에 여장을 풀었다. 회의장 주변을 둘러보던 이튿날 오후, 낯익은 얼굴들과 마주쳤다. 직접 인사를 나눈 적은 없지만, 최 열 당시 환경운동연합 사무총장 일행이었다. 부산 YMCA 구자상 사무총장, 충남 서산의 새만금지역 환경단체 회원 등 구성도 다양했다. 다가가 인사를 나누었다. 경남 양산시의회 의원이라고 신분을 밝히자, 모두가 의외라는 표정을 지었다. 지방 소도시의 시의원이 그것도 자비를 들여 이곳까지 날아온 이유를 모르겠다는 반응이었다. 중소기업 경영자라는 사실과 환경 분야에 대한 관심을 들려주었다. 모두가 그제야 "대단한 열정"이라며 반갑게 손을 내밀었다.

다음날부터는, 가능하면 동선을 맞춰 함께 움직였다. 환경운동연합 일행은 캔버라에서 제법 떨어진 버라Burra라는 시골마을에 묵고 있었는데, 이유를 알고는 나도 근처에 어렵게 방을 구했다. 이곳은 주민 대부분이 생활불편을 감수하고 자연환경을 지키는 '생태마을' 이었다. 아예 수도를 들이지 않고 빗물을 저장고에 모아 사용하는가 하면, 텃밭에는 유기농 채소를 직접 재배하고 있었다. 화장실에 수세식 대신 미생물을 이용해 분해하는 방식을 택한 가정도 있었다. 지금은 우리나라에도 남원 실상사 생태마을을 비롯해 비슷한 형태의 공동체가 많이 생겼지만, 그때 접한 버라마을 주민들의 자연을 대하는 마음에서는 경건함마저 느껴져 큰 감동을 받았다.

### 빗물로 생활하는 호주 생태마을의 감명, 하수처리시설 전 공정 개발 계기

캔버라 도착 닷새째인 4월 15일에는 세계 녹색당 대회장인 캔버라 컨벤션 센터 앞에서 새만금 간척사업 중단을 촉구하는 집회가 열렸다. 집회에는 우리나라 최 열 총장과 세계적 환경단체인 '지구의 벗Friends of the Earth International' 국제본부 의장인 리카르도 나바로Ricardo Navaro, 밥 브라운Bob Brown 호주 상원의원 등 거물급 인사들이 대거 참석했다.

특히 브라운 상원의원은 "새만금은 시베리아와 호주를 오가는 철새들의 중간 기착지"라 강조하면서 "철새 이동경로에 들어있는 갯벌은 한국의 의지대로 파괴해서는 안 될 인류의 공동자산"이라고 강조해 많은 것을 생각도록 했다. 나도 집회 참가자들의 맨 앞에 서서 큰 소리로 "새만금 간척 반대!"를 외쳤다. 돌아오는 비행기에 앉아 일정을 되돌아보면서, 환경분야 연구는 사업의 아이템 이전에 우리 모두의 절박한 사명이라는 생각을 다지게 되었다. '자연인' 같은 버라마을 주민들의 삶과 습지는 국경 없는 인류의 공동자산이라는 세계인들의 인식은 물에 대한 중요성을 더욱 크게 인식하는 계기가 되었다.

이후로 우리 회사는 수중 폭기기 외에도 폐수의 수면 가까이 설치해 아래로 공기를 불어넣는 표면 포기기泡氣機, 폐수 유입구에서 침전지까지 여러 단계별로 유기성 오물을 걸러내어 정화공정을 단축하는 다양한 설비를 개발했다. 그밖에도 유입펌프, 고도처리시설, 오니의 탈수·고체(케익)화 설비, 오니에서 발생하는 가스를 회수해 탈수케익의 소각에 사용하는 기술까지 축적해 폐수처리시설 전 과정을 건설 운영할 수 있는 역량을 갖추었다.

이로써 우리 회사는 운반기계, 포장기계, 수산물 가공설비 분야에 이어 폐수처리 분야에서도 '강소기업'으로 올라서게 되었다. 영도에 부산사무소를 개설해 수산 가공설비의 영업을 분담시키고, 서울 마포에도 영업사무소를 개설해 자동 포장설비의 영업과 관리를 맡겼다. 규모가 크지 않은 회사다 보니 이름은 영업사무소라고 붙였지만 실질적으로는 지사의 역할을 해내는 주요 거점들이었다. 고려원양, 대림수산, 동원어업, 사조산업을 비롯해 이름을 알만 수산회사는 모두 거래처였다. 롯데제과, 칠성, 동서식품, 진주 햄 등 식음료, 기계, 건설, 플랜트에 심지어는 타이어공장까지 다양한 분야의 대표적 기업들에 설비가 들어가게 되었다.

대화를 하다 보면 "우리 회사는 규모가 작아서…." "중소기업 처지에서 무슨…." 등의 말로 연구비 부담을 꺼리는 경영자들을 본다. 설비 개선이나 증설은 '투자'로 보면서, 연구개발비는 버릴 위험이 큰 '낭비'로 보는 듯하다. 하지만 설비투자는 품질개량이나 생산량 증대에는 도움이 되지만, 그 자체로 혁신을 기대하기는 어렵다. 잘 만들고 많이 만들어도, 소비자의 욕구나 트랜드가 변하면 무용지물이 될 수 있다. 오히려 소비자의 욕구와 시대변화를 앞서가는 제품을 개발하는 연구비가 새로운 시장을 창출하고 부가가치를 높이는 진정한 투자인 것이다.

자금 사정이 다소 어려울 때 연구개발비 지출이 맞물리면, 나는 어려웠던 사상공단 시절을 생각한다. 경험도 기술도 없이 막무가내로 일을 벌였던 그 '무대뽀 정신'과 일하면서 배우고 끊임없이 도전해 온 지난 30년이 아니었다면, 지금도 사상공단의 변두리의 어느 허름한 공장에 앉아있었을 것이다. 도전하지 않으면 실패도 없지만, 도전하지 않는 성공은 더더욱 없다.

# 경영을 통해 세상을 배우다

나는 보기보다 성격이 급하다는 말을 자주 듣는다. 시간은 부족하고 일은 많다 보니 서두르는 버릇이 생긴 탓인지 모른다.

그러나 영업상 거래나 연구개발 과정의 나를 지켜 본 사람들은 전혀 반대로 평가한다. "무서우리만치 끈질기다." "배알도 없다고 할 정도로 잘 참는다."고 혀를 내두르기도 한다. 동전의 양면처럼 대비되지만, 둘 다 오랜 기업 경영을 통해 몸에 밴 성품인 것은 틀림없는 일이다.

엉겁결에 회사를 맡고 나서 처음 한동안은 모든 일이 낯설어 허둥거렸다. 매형이라는 '의지처'가 사라진 데서 온 두려움이었을 것이다. 나의 결정이 회사의 운명을 좌우할 수도 있다는 생각에, 단순한 일도 두 번 세 번 주저하게 되었다. 거래처 대부분이 굴지의 대기업이다 보니, 아차 잘못해 일을 망치면 안 된다는 중압감도 컸다. 영업만 해도, 몇 년이나 맡았던 일인데 새삼 엄두가 나지 않았다.

사실 대기업을 상대로 영업을 해보려면, 정문 통과부터 여간 힘든 것이 아니다. 사무실 담당자의 연락 없이는 한 발자국도 들여보내 주지 않기 때문이다. 그래도 일단 들이대고 보는 외에 별 도리가 없다. 나는 경영자가 아니라 예전 영업과장의 심정과 각오로 현장을 뛰었다.

## 두드리고 두드리면 벽에도 문이 생긴다

낯선 회사라도 무작정 찾아가 정문의 수위나 경비실 직원에게 일단 90도로 깍듯이 절을 했다. 들여보내 주지 않아도 "감사합니다, 알겠습니다." 창문턱에 슬며시 명함을 올려놓고는 다시 90도 절을 하고 돌아온다. 그리고는 다음날 또 찾아간다. 때로는 지나가는 길인 것처럼 "이 근처 ○○회사에 왔다가 들렀다."며 인사만 하고 돌아선다. 하루 이틀도 아니고 수없이 찾아가다 보면 언젠가는 "통화라도 한 번 해 보라"며 담당 부서로 전화를 연결해 주게 될 거라는 '인지상정'을 믿어보는 것이다.

어렵게 문턱을 넘어도, 거래를 성사시키기까지는 여전히 멀고 험한 길을 각오해야 한다.

S제약이 모기향 생산라인에 우리 회사의 자동 포장설비 도입을 결정할 때가 그랬다. 면담 요청을 받고 갔더니 담당 전무가 양산과 인접한 부산 금곡동 출신이었다. 반가운 심정으로 설비 브리핑을 마쳤고 반응도 좋았다. 며칠 후에는 "부사장이 한 번 보자고 하니 준비를 잘하고 오라."는 연락이 왔다. 부사장은 회사 오너owner의 아들이고 실질적인 결정권자라는 귀띔까지 받았다.

그런데 만나보니 도저히 거래가 불가능했다. 한 대당 1억 가까운 설비를, 2,800만 원에 넣어달라는 거였다. 가격을 후려쳐도 정도가 있지, 어처구니없는 요구였다. "저희 제품을 먼저 찾아주신데 감사드립니다. 하지만 그 금액에는 곤란합니다." 인사를 하고 이야기를 끝냈다.

며칠 후 "다시 의논해 보자."는 연락이 와서 기대를 걸고 갔는데, 상대는 똑 같은 요구를 되풀이했다. 세 번째, 네 번째…. 불러서 달려가면 녹음기를 튼 듯 같은 말이었다. 나 역시 변함없는 얼굴로 인사를 하고 돌아섰다. 다만 마지막에는 "거래를 할 인연이 안 되는 것 같습니다. 요구를 들어줄 수 없어 죄송합니다." 더 깍듯이 인사하며 사과를 했다. 이제는 불러도 오지 않겠다는 의사표시였다.

### 끝날 때까지는 끝난 것이 아니다

그 일을 잊어갈 무렵, S제약 구매부서에서 전화가 왔다. "계약준비를 하고 들러주십사 부탁드리라는 부사장님 지시를 받았습니다."라는 내용이었다. 부사장실로 찾아가니 전무도 배석해 있었다.

계약은 일사천리로 진행되었다. 내심 천만 원 정도는 양보할 각오를 했는데, 단 한 푼도 깎지 않고 처음 견적대로 발주를 해주었다. 계약을 마치고 나자 부사장은 칭찬인지 사과인지 악수를 청하며 말했다.

"조 사장님이라고 하셨죠? 저 사실 많이 배웠습니다. 바쁜 중에 불러서 무례하게 대하면 젊은 분이 자리를 박차고 나갈 법도 한데, 단 한 번도 안색이 변하거나 흐트러지지 않는 모습이 존경스러울 정도였습니다. 속으로 많이 감동했습니다. 감사합니다."

"아닙니다. 그게 우리 일입니다. 3건을 협의해서 단 한건만 성사돼도 성공입니다. 중소기업을 경영하려면 가장 먼저 퇴짜를 맞는 일부터 익숙해져야 합니다."

사실이 그랬다. 거래 실패나 문전박대를 당할 때마다 상처받고 주저앉는다면, 얼마 안 가 스스로 좌절의 늪에 빠질 수밖에 없는 것이 중소기업이라는 전쟁터였다. "얼굴 두꺼운 게 논 열 마지기보다 큰 재산"이라는 세일즈 업계의 '격언'이 영업의 어려움을 대변해 준다.

당시 장비 · 설비업계에 널리 퍼졌던 '한국○○기계'라는 회사 대표의 영업사례에 관한 '전설'도 같은 맥락이다.

부산 소재 중견기업이었던 이 회사 직원들이 통근버스로 경주 야유회를 가던 길이었다고 한다. 언양을 지나던 중, 고속도로 옆의 대규모 공장 건축현장을 바라보던 사장이 "스톱, 스톱!" 외치는 바람에, 운전기사는 급히 갓길에 차를 세워야 했다. 사장은 직원들에게 야유회를 다녀오라고 이르고 회사 설비 카탈로그를 쥔 채 고속도로 비탈을 걸어 내려갔다. 신축공장이니 각종 기계설비가 필요할 것이라는 생각에 무작정 공사장으로 찾아간 것이었다. 직원들이 돌아오는 길에 고속도로변에 선 사장을 발견해 차를 세웠더니 벌써 거액의 설비계약을 받아 와 있더라는 것이다.

## 자세는 겸손하게, 도전은 당당하게

나는 그 이야기를 떠올리며 아침마다 출근 전 거울 앞에 섰다. 먼저, 마주 비치는 나를 고객으로 삼아 몇 번이나 90도 절을 하며 자세를 가다듬었다. 다음에는 나 자신에게 다짐을 했다. '예스 아이 캔(YES I can), 나는 할 수 있다, 나는 할 수 있다!'

이렇게 마인드 컨트롤을 하고 옆면에 스테인리스로 'Yes I can'을 새긴 007가방을 들고 일어서면 가슴 깊은 곳에서 힘이 솟아올랐다. 발걸음에도 자신감이 실리고 어깨가 펴졌다. '자, 오늘도 새로운 도전의 시작이다, 출발하자!'

방문하는 회사에서 마주치는 직원이라면 경비나 미화원 등 누구도 가리지 않고 90도 인사를 한다. 납품, 계약 등의 부서 직원에게는 두말 할 필요도 없다. 그렇다고 무조건 굽실거리는 것이 아니다.

"한강 이남에서 스테인리스 작업을 하는 업체 중에서는 우리 회사가 최고라고 자부합니다. 어디 내놔도 부끄럽지 않고, 누구와 경쟁해도 이길 수 있습니다. 무조건 싼 가격대를 원하신다면 다른 곳과 거래하시는 게 좋겠습니다."

당시 거래선 중에는 롯데제과를 필두로 오뚜기식품, 칠성, 동서식품, 동산유지, 게맛살을 만드는 여러 수산회사 등 국내 굴지의 대기업들이 다수 들어 있었다. 그러나 아무리 큰 기업체라도 상대에게 주눅 들지 않고 대했다. 태도는 겸손하게 품질에서는 당당하게, 그것이 내가 기업경영을 통해 배운 영업의 자세이다. 다만, 당당해지기 위해서는 '업계 최고 품질'을 위한 각고의 노력이 필요하다. 같은 시간을 둘, 셋으로 쪼개 서둘러 일해야 하고, 구매자의 선택을 받을 때까지 찾아가고 또 찾아가며 느긋이 기다려야 하는 것이다.

조문관 에세이
날자, 양산!

제3부

# 양산의 꿈, 양산의 날개

# 사람이 먼저다, 사람이 힘이다

어릴 적부터 "자라면 군수가 되고 싶다"는 생각을 가지기는 했지만, 그건 말 그대로 '꿈'이었다. 하기야, 초등학생이라면 열에 아홉은 장래희망이 '대통령' 아니면 '장군'이던 시대였다. 대통령이 아니라 '군수'라는 목표는, 꿈 치고는 소박하지만 달리 보면 더 구체적인 포부일 수도 있었다. 출세 욕심보다는, 가난한 우리 마을을 바꾸기 위해 무언가 일해 보겠다는 것이 그 동기였기 때문이다.

사실 회사를 부산에서 고향으로 옮겨 온 뒤로 고민도 많이 했다. "부산에서 사업에 성공해 돌아왔다."는 소문이 나면서, '금의환향'을 반기는 친구나 선배들의 환영 속에 저녁마다 모임자리가 끊이지 않았다. 다양한 지역 단체들의 가입권유를 받아 회사 안팎에서 늘 시간에 쫓겼다.

안 되겠다 싶어 JC나 유소년들을 후원하는 보이스카웃, 의용소방대 등 봉사단체 중심으로 '선택과 집중'에 신경을 썼지만, 어릴 적부터 운동을 좋아해 체육회와 각종 스포츠 단체도 외면하기 어려웠다. 언젠가는 세어보니 회원, 이사, 고문 등으로 가입된 단체가 서른 개가 넘은 적도 있었다. 회비며 봉사활동이며 부담도 늘고 밖으로 돌기 바빠 집에는 신경조차 못쓸 지경이었다.

보이스카웃 양산 연맹 회장 시절

## 봉사활동에 사업 상담역까지 바쁜 나날들

돈을 벌었다는 소문에 성공비결을 물으며 고민 상담이나 자문을 구하는 사람들도 있었다. 얼굴도 모르는 중소기업 경영자가 찾아 온 적도 있고, 양산에서 그 업종 최고의 명성을 얻은 선배가 고민을 털어놓으며 의논을 하기도 했다. 부부가 모 육고기 식당을 했는데, 형수가 종일 고기를 썰다보니 몸이 망가져 다른 업종으로 바꾸고 싶다는 하소연이었다. 나는 "형님이 가장 잘 알고, 가장 잘 할 수 있는 일이 무엇이냐?"고 물었다. 그것이 고기집이라는 건, 들을 필요도 없이 정해진 답이었다.

"형님, 그렇다면 당연히 고기집을 계속 하셔야지요."

"누가 그걸 모르겠나? 아내 몸이 견뎌나지를 못하니까 하는 말이지."

"사람을 쓰면 되지요. 이제껏 고생한 형수는 카운터를 보면서 좀 쉬엄쉬엄 여유도 갖고 손님 응대도 하시고…. 형님 역시 이제 오토바이 몰고 배달까지 하는 건 무립니다. 많이 벌었으니 고용창출 좀 하세요."

선배의 대답은 "안 된다."였다. 칼을 남에게 맡기면 '장난'을 칠 가능성이 높고 고기의 질도 낮아진다는 이유였다.

"형님, 고기 품질은 형님이 전문가니까 잘 관리하면 되지 않습니까? 또, 힘든 일을 하는 사람은 담배 값 정도 생기는 재미도 있어야죠. 그건 알아도 모르는 척 하십시오. 그러면 그 사람도 흥이 나서 더 열심히 일할 겁니다. 이미 성공한 업종을 버리고 지금 와서 낯선 일에 뛰어들면 십중팔구 실패합니다."

그 선배는 기어코 업종을 바꿨다가, 크게 손해를 보고 얼마 못가 사업을 접었다. 주위에서 마치 선견지명이라도 있는 것처럼 바라보게 돼 부담스럽기도 했다.

## "시의원 맡아서 본격적으로 봉사하라" 출마 권유
## '주민 추대 후보' 지지 덕분에 압도적 당선

친구들은 시의원 출마를 강력히 권유했다. "니 같은 사람이 지역을 위해 일하지 않으면 누가 하겠느냐, 이왕 하는 봉사라면 니시시 제대로 한 번 해야지."라고 매일같이 볶아대었다. '양산읍' 선거구에서 2명을 뽑던 시의원 정수가, 양산시 승격 후 1998년 치른 2대 선거에서는 3개 선거구당 1명씩으로 분할된 것도 자극제 역할을 했다.

보이스카웃 양산 연맹 회장 시절

고향 교동마을을 중심으로 한 강서동이 단독 선거구가 되자 "니만 출마하면 무조건 당선"이라고 성화였다. 하지만 선거에 '무조건 당선'이란 없는 법이다. 친구들과 줄다리기를 하는 사이 선거가 다가오자, 선배들까지 가세해 압력이 거셌다. 평소 가까이 모시던 열살 이상 많은 선배 10여 분이 "이 사람아, 자네 출세하라는 게 아니라 고향을 위해서 봉사하라는 명령이야."라는 식으로 강권强勸하는 바람에, 진지하게 고민을 해보지 않을 수 없었다.

출마결심을 굳힌 건 선거를 불과 28일 남겨 둔 시점이었다. 아직 기초의회는 정당공천제가 없던 때였기에 가능했는지도 모른다. 급히 사무실을 구했고, 입후보 서류를 준비하는 일도 만만찮았다.

이왕 나섰으니 적당히 할 수도 없었다. 회사를 운영하면서 몸에 밴, '영업을 뛰는' 자세로 선거에 임했다. 집집이 찾아다닐 정도로 발품을 팔았다. 만나지 못한 경우는 반드시 메모를 남기고 돌아왔다. 누구에게나 90도 절로 인사를 드렸다.

시의회 활동

활동을 하면서 알게 된 것은, 내 선거구가 50년대에 면의원을 지내셨던 아버지의 선거구와 정확히 일치한다는 점이었다. 어른들이 먼저 그 사실을 일러 주셨다. 어곡마을의 경로당에 인사를 드리러 갔을 때였다.

"어르신들 안녕하십니까, 이번 시의원 선거에 출마한 조문관입니다."

"그래, 어느 마을 출신이신고?"

"예, 교리가 고향입니다. 집이 춘추원 바로 아래 있습니다."

"춘추원 아래 교리라면 조씨가 한 집 뿐인데, 고인이 된 조동호씨 아는 어떻게 되시오?"

"예, 제 아버님입니다. 제가 둘째 아들입니다."

대화가 돌아가신 아버지에 이르자, 그 어르신은 "이 사람아, 내가 자네 부친하고 둘도 없이 지낸 후배야, 40년 전 선거 때는 이 지역 총책을 맡았던 사람이야!”라며 덥석 손을 잡으셨다.

그때만 해도 ‘막걸리 선거’ 시대라 밤에 유산마을 술도가(양조장)에 가서 지게로 말통을 져다 날라 선거를 치렀다고 파안대소 하더니, 왕년의 전문가답게 ‘한 수’ 지도를 해주셨다. 노인들을 만나면 “시의원 후보 조문관” 소리 집어치우고, “조동호씨 둘째 아들입니다.” 말부터 먼저 하라는 말씀이었다. 그대로 했더니, 과연 가는 곳마다 어르신들이 극진히 반겨주셨다. 아버지가 오래 중풍을 앓으신 끝에 돌아가신지 6년이 지났을 때였다. 아버지의 그늘이 얼마나 넓은지 실감하면서, 새삼 그리움이 사무쳤다.

우리 선거구에는 당초 두 명의 후보가 각축하고 있었는데, 내가 나선 후 선 배 한 분이 출마 뜻을 접었다. 주위에서는 “1대 1이 됐으니 더욱 해볼 만한 싸움”이라고 반겼는데, 전문가들은 3파전보다 오히려 더 어려운 싸움이라고 분석하기도 했다. “2파전이 되면 상대편에 ‘빗자루’를 세워 놓아도 30%는 가지고 간다.”면서, 서로가 30%씩 차지한 뒤 중도층 40%를 두고 다투는 게임이라고 더 치열한 대응을 독려했다.

각오를 다지며 밤낮없이 뛴 덕분에, 선거 결과는 62.67% 득표, 두 배 가까운 압도적 당선이었다.

# 타협하라, 안되면 싸워라

시의원이 되어 등원한 1998년 6월, 온 나라가 우울한 잿빛에 휩싸여 있었다. 그 전 해 12월, YS 퇴임 직전 벌어진 외환위기 사태로 기업들이 줄줄이 도산하고 실업자가 쏟아지던 때였다. IMF의 긴급 구제금융으로 국가부도사태는 면했지만, 사라진 지 몇 십 년이나 된 거지들이 다시 등장했다. '노숙자露宿者'라는 새로운 단어가 연일 신문 지면을 장식했다.

이런 위기상황에서 처음 접한 행정의 모습은, 한 마디로 답답하기 짝이 없었다. 민간기업과 비교하면, 한 명으로 충분한 일을 두세 명이 맡고서도 하자세월이었다. 예산 운용은 더더욱 문제투성이였다. IMF에서 얻어 온 빚으로 나라살림을 하는데도, 집행현장에서는 위기감이 느껴지지 않았다. 나랏돈은 눈 먼 돈이라더니, 세밀한 검토나 고민 없이 집행되는 마구잡이 예산에, 돈이 줄줄 새는 데가 한두 군데가 아니었다.

지금은 인구 34만의 도시로 성장했지만, 당시만 해도 양산은 작은 동네였다. 인간관계는 주로 '형님' 아니면 '친구'나 '동생' 3단계로 이뤄져 있었다. 공무원 사회도 별반 다르지 않았다. 평소 가까이 지내던, 그것도 기업을 경영해 관공서의 '을乙'이었던 사람이 어느 날 시의원이 되어 '안면'을 바꾸고 이것저것 잔소리를 해대니 그들로서는 기분 좋을 리 만무였을 것이다. 왠지 사이가 어색해졌다 싶은 사람

실버 취업 박람회장에서

이 점차 늘어갔다. 인간관계냐 시의원의 임무냐 사이에서 고민하고 있는 스스로를 발견하고 한숨을 쉰 적이 한두 번이 아니었다. 개인적으로 다소 소원해지더라도 문제가 해결되면 좋은데, 그렇지도 못하고 감정만 상하는 경우에는 마음이 착잡하기만 했다.

대표적인 경우가 어곡공단 조성사업 추진과정이었다. 공단에서 배출되는 폐수를 처리하기 위한 종말처리장 건설비를 검토하는 중에, 모 공무원으로부터 좋은 아이디어를 받았다. 입주업체 대부분이 기계금속 업종이어서 폐수배출량이 미미하므로, 굳이 폐수처리장을 추가로 지을 필요가 없다는 조언이었다. 바로 옆 공단인 유산공단 시설을 공동 이용하는 방안이었다. 인접한 유산공단 폐수처리장은 양산천 건너 북정공단의 폐수까지 받고 있어 처리용량이 한계치에 가까웠다.

특히 유산공단은 1980년 지방산단 1호로 조성되어, 폐수처리시설의 노후가 심했다. 생화학적 산소요구량(BOD), 화학적 산소요구량

(COD) 등 배출 기준치도 계속 강화되는 추세였다. 차제에 그 시설을 개선 확충해 어곡공단 폐수를 끌어가면 예산을 대폭 절감할 수 있다는 것이었다. 폐수처리장을 신설하는데 160억 원이 드는데 비해 기존 시설을 확충할 경우 부지 매입비와 시설 개선, 어곡공단까지의 관로管路 매설비 등을 합쳐도 70억 원 남짓이면 될 거라는 분석이었다. 설명을 듣고 현장을 돌아보았다. 아주 합리적인 제안이었다. 시설을 집적화集積化 하면 부지는 물론 장기적으로 지출되는 인력, 유지관리 등의 운영비도 획기적으로 줄일 수 있었다. 자연히 어곡공단 입주업체들의 오폐수 처리비용도 저렴해진다.

## 혐오시설에 중복투자, 알 수 없는 일 처리

마침 추진 여건도 좋았다. 기존 폐수처리장과 담장 하나를 사이에 둔 사료공장이 이전을 추진하고 있다는 얘기였다. 부지 면적도 적당해서, 사업을 추진하기 안성맞춤이었다. 일단 공장 대표에게 전화를 걸었다. 평소 양산상공회의소에서 함께 활동해 알고 지내던 분이었다.

"여보세요, 유○○ 회장님. 저 조문관입니다."
"아이구, 그래 조의원께서 어쩐 일이오? 전화를 다 주시고."

그는 부산의 모 컨트리클럽에서 골프를 치고 있었다. 급한 마음에 골프장까지 찾아가 용건을 말했다. 그 역시 내 의견을 반겼다. 부산에 있는 본사와 공장까지 양산으로 이전해 한 곳에 모을 구상을 하고 있는 참이라고 했다. 그런데 땅값에 대한 생각차가 너무 컸다. 주

유산 폐기물 매립장

변시세로 보면 평당 백만 원 정도가 적당한데, 그는 두 배가 넘는 가격을 불렀다. 시세를 잘 못 알고 있는 건지, 꼭 필요하면 돈을 더 주고라도 사라는 배짱인지, 한참 얘기를 나눠도 속내를 알 수가 없었다.

결국 이견만 확인한 채 돌아왔지만, 시간 날 때마다 찾아가 접촉을 계속했다. 양산시 관계부서와도 협의를 계속하던 중 묘안을 찾아내었다. 어곡공단 개발 시행사인 모 그룹 건설사가 분양 부진으로 자금압박을 받고 있었다. 찾아가서 할인분양 가능성을 타진하자 적극적인 협조를 약속했다. 1만평 규모라면, 이미 할인 중인 분양가에서도 상당액을 추가로 낮춰 주겠다고 했다. 3천 평짜리 사료공장 부지를 평당 백만 원에 매도해도, 1만평의 분양가에 근접할 수 있게 됐다.

나는 다시 사료공장 대표를 만나 설득에 나섰다.

"회장님, 주변 시세나 공익사업의 취지를 감안해서 평당 백만 원선에 공장부지를 양보해 주시죠? 거기에 얼마간 보태면 어곡공단 땅 1만 평 매입이 가능하도록 협의를 하고 있습니다. 설령 지금은 다소 손해 보는 것 같아도, 부지가 훨씬 커지면 평당 몇 만원만 올라도 결과적으로는 이익이 될 겁니다. 원래 땅 거래는 파는 사람은 좀 손해 보는 것 같고 사는 사람은 다소 비싼 것 같을 때가 적정선이라고 하지 않습니까?"

고민하던 유회장은 "좋다."고 수락의사를 밝혔다. 단, 조건이 있었다. 어곡공단 입주과정에 적극적인 행정지원을 해달라는 요구였다. 그야 두말 할 필요도 없었다. 규모가 큰 기업을 본사와 부산 공장까지 옮겨오는 '기업유치'를 위해서는 당연히 양산시가 발 벗고 뛰어야 했다.

시의원으로서의 역할은 거기까지였다. 시의원은 '중신애비'는 될 수 있어도 부지 매입이나 폐수처리장 확충 등 모든 사업 시행은 양산시의 업무이기 때문이었다. 나는 양산시에 그간의 과정을 설명하고 양측의 만남을 주선했다.

## 중재 허사, 예산낭비 중복투자

한참 시일이 흘렀다. 서로 만났다는 소문은 들리는데 일이 진척되는 기미가 보이지 않았다.

어곡공단에는 시가 계획했던 대로 별도의 폐수처리장이 들어섰다. 당초 예산규모와 엇비슷한 164억 원의 예산이 투입되었다. 유산공단 폐수처리장을 확충 개선하기 위한 협상이 결렬된 이유야 알 수 없지만, 지금 생각해도 아쉽기만 하다. 서로 좀 더 적극성을 보여 일이 성사됐더라면 주민 민원도 줄고, 불과 3km 거리에 두 개의 폐수처리장을 짓는 중복투자도 없었을 것이다. 예산낭비도 막고 입주 업체들의 폐수처리비용도 줄여 1거 3득, 4득이 가능한 일인데, 거꾸로 1거 3실, 4실의 우를 범한 것을 보면 답답하기 짝이 없다.

### 일반매립장 부지에 지정폐기물 매립장 허가도

어곡공단 내 지정폐기물 매립장 건설 때는 더 어이없는 경험을 했다. 어곡공단 안에다 지정폐기물 매립장 허가를 내주기로 하자 주민들의 여론이 들끓었다. 강서동 일대에는 이미 폐수종말처리장 두 군데, 토석채취장 두 군데, 폐기물 매립장 등 혐오시설이 집중돼 있었다. 온갖 민원과 잡음이 끊이지 않았다.

더욱이 기존 폐기물 매립장은 어곡공단에서 길 하나 건너 몇 백m 지점에 가동되고 있었다. 하수종말처리장의 시행착오를 거울삼아 어곡공단의 일반폐기물을 실어다 묻어도 충분한 여건이었다.

공단 조성 허가사항에 규정된 일반폐기물 매립장 설치를 구실로 그 자리에 지정(악성)폐기물 매립장을 허가한다는 점에서, 주민들의 분노를 흔한 '님비(Not In My Back Yard) 현상'으로 치부해서는 안 될 일이었다. 더욱이 산업폐기물 매립장은 배출지역에 관계없이 반입할 수 있어서, 전국의 산업쓰레기를 양산으로 끌고 오는 결과가 되는 것이다.

나는 시 집행부에 이 매립장을 불허하고 일반매립장도 기존 시설에 통합 운영하는 방안을 수없이 역설했다. 하지만 누구 하나 귀 기울여 주는 사람이 없었다. 주민들 보기도 송구스러웠다. 말은 않아

어곡 폐기물 폐립장

도, 지역을 위한 일꾼이라 믿고 뽑아 주었더니 마을이 쓰레기와 썩은 물로 뒤덮여도 막지 못하느냐는 질책이 생생히 느껴졌다.

## 산을 이룬 폐기물 폭탄과 007가방

주민들은 매일 시장 출근시간에 맞춰 시청입구에서 시위를 벌였다. 나도 앞장서 동참하기로 했다. 시장은 가깝게 지내던 지역 선배였다. 그래도 시간 날 때마다 시위현장에 들러 주민들을 격려하고, 나도 피켓을 들었다. 시위가 장기화되자, 동료 의원들이나 친한 공무원들의 회유가 시작되었다.

"조의원, 이제 적당한 선에서 발을 빼는 게 낫지 않겠나?"

위에서 바라본 어곡 폐기물 매립장

"선배님, 그만큼 성의를 보였으면 됐지, 그렇게까지 하실랍니까?"

그러나, 양보할 일이 있고 못 할 일이 있었다. 시장의 체면을 보아 적당한 선에서 덮을 일이 아니었다. 환경문제로 늘 얼굴을 붉히다 보니 서로 서먹한 사이로 변한 지도 한참이었다. 그러던 차에 누님의 전화가 걸려 왔다. 평소 가깝게 지내는 지역 출신 전직 국회의원이, 동생을 좀 설득해 보라고 전화를 했더라는 내용이었다.

그날 저녁, 내게도 그 전화가 걸려왔다. 나는 반대 이유를 충분히 설명했다. 그러나 막무가내였다. 서로 목소리가 커졌고, 결국 험한 말이 오가면서 전화를 끊었다.

세월이 흘러, 나와 아주 가까이 지내던 선배 한 분이 "그때 매립장 추진업체 사장이 집으로 찾아와서 007가방 하나를 건네주며 '조의원에게 전해 달라'는 부탁을 한 적이 있었다."고 회고했다. 그러나 "조의원 성격은 내가 잘 알지만 이 사실을 알면 더 크게 문제를 삼을 것이니 없던 일로 하라."고 돌려보냈다는 말씀이었다.

"도대체 그 가방에 든 돈이 얼마나 됩디까?" 물었지만 선배 역시 "열어보지도 않고 돌려보냈으니 뭐가 들었던 건지도 모른다."고 더 이상 말하지 않았다.

그 매립장은 이미 2009년 반입용량이 차서 사업을 종료했다. 꾸준한 지역 환원사업으로 주민들과의 관계도 개선되었다. 그렇다고 이것을 '해피 엔딩'이라 여기고 넘어갈 일인지는 곰곰 생각해 보지 않을 수 없다. 누님의 업체도 바로 이곳 어곡공단에 위치해 있다. 공단 입주업체들만 이용했다면 아직도 한참 여유가 있을 매립장이 외지에서 실어 온 지정폐기물로 가득 차서 정작 공단의 폐기물을 다른 매립장으로 내다 묻어야 하기 때문이다.

이왕 이렇게 될 거였다면, 내가 처음 주장했던대로 매립장을 설치할 필요도 없었던 것이다. 공단에 필요하다며 매립장 부지를 지정했다가 외지의 산업폐기물을 실어다 묻은 것은, 특정 업자를 위한 권력층의 '짬짜미'로 지탄받아 마땅할 것이다.

이 매립장의 문제점은 더 있다. 매립장이라면, 움푹 패인 공간에 폐기물을 채우고 흙을 덮는 것이 상식이다. '매립埋立'의 사전적 의미도, '낮은 땅이나 하천, 바다 등을 돌, 흙 따위로 메워 돋움'이라 돼 있다. 그러나 어곡공단의 폐기물 매립장은 실제로는 매립이 아니라 '승상乘上'해서 조성한 기형적인 구조를 하고 있다. 높이 4~5미터에 달하는 옹벽을 쳐서 그 위로 폐기물을 태산처럼 쌓고 흙을 덮어 마무리했다. 만에 하나 옹벽이 갈라지거나 최악의 경우 무너지기라도 한다면 엄청난 피해를 불러올 위험이 높다. 시민의 피해와 위험을 강요하는 잘못된 정책에 맞서 싸운 내게 남은 것은 '싸움닭 시의원'이라는 별명이고, 어곡공단에는 '폐기물 폭탄'만 남게 되었다.

## 막아야 한다, 막아야 한다

그로부터 다시 세월이 흘렀다. 어언 8년, 환경에 대한 주민 인식이나 환경정책도 몰라보게 향상되었다. 그러면 어곡의 매립장 모습은 어떻게 변했을까? 부끄럽게도, 상황은 오히려 엎친 데 덮친 격이다. 옹벽 위 쓰레기 산은 여전한데, 거기에 붙여 의료폐기물 소각장 건설이 추진돼 시민들을 절망감에 몰아넣고 있다. 모 업체의 사업신청 사실이 알려져 주민들의 여론이 들끓었는데, 갑자기 어이없는 계엄령과 탄핵정국이 발생하면서, 관심의 뒷전에 묻히게 된 형국이다.

이럴 때, 행정의 역할이 중요하다. 더구나 의료폐기물 소각장은 나동연 현 양산시장의 1기 재임 시절 삼성동 산막공단 건설을 불허했다가 행정소송에 패소했던 연장 선상에 있다. 일설에는 지역 환경정책을 관할하는 낙동강환경청에서 이미 사업승인이 났다는 소리도 들린다.

물론, 쓰레기 매립장도 소각장도 우리 시민들의 삶의 질을 위해 꼭 필요한 시설들이다. 엄청난 폐기물을 배출하고 살면서 그 처리시설을 무조건 반대하는 건 극단적 이기주의이자 님비(NIMBY, Not In My Back-Yard) 현상에 다름 아니다. 하지만 우리 시민들은 혐오시설에 대해 "내 뒷마당에는 안 돼."라고만 고집하는 것이 아니라 "다른 이웃의 뒷마당에도 안 돼."라고 외치고 있다. 나날이 변모하고 있는 성장도시 양산, 주민들의 삶을 위협하는 시설이 도심의 보금자리를 파고들어 와서는 안 된다는 당연한 요구이다. 사업자 편의 위주의 도심이 아니라, 시민들의 주거지와 떨어진, 적합한 부지를 찾아야 한다는 말이다.

특히나 의료폐기물 소각장은 오염물질 배출 등 대기大氣환경 문제만 안고 있는 것이 아니다. 폐기물에 포함된 각종 병원균의 위험, 악취, 그에 대한 주민들의 심리적 불안 요소들이 너무나 많고 크다. 만에 하나 교통사고라도 나서 수송 차량이 양산천 등 주요 지점에 전복된다면, 그 확산 공포는 엄청날 것이다. 주민들은 예의주시하고 있다. 낙동강환경청의 사업승인이 났더라도, 이후 양산시의 공장 인허가 과정에서 막아야 한다, 반드시 막아내야 한다.

## 시의원, 할 일은 많고 할 수 있는 일은 적었다

2대 양산시의원으로 활동한 4년 동안, 싸움만 한 것은 아니다. 어곡공단 산업 폐기물 매립장 설치반대 투쟁에서도 어느 정도 성과는 얻었다. 환경시설 피해를 입는 주민들의 복지여건을 상당 부분 개선한 점이다. 매립장 설치 반대투쟁을 하는 동안 가까이 부산 생곡에서 시작해 수도권까지, 자비로 전국의 매립장 10여 군데를 돌며 실태를 살폈다. 같은 과정을 먼저 겪은 지역 주민들에게서 밴치마킹할 부분을 찾아보자는 생각에서였다.

주민대책위원회 등 현지 사람들과 대화를 나누다보니 거의 모든 지역이 예산지원을 받고 있었다. 이유를 물으면 대개 "매립장이 들어오기 전에 데모를 해야 뭔가 얻어내야지, 허가 나면 끝장이라고 극한투쟁을 권했다.

그렇다고 시의원이 청소차 앞에 드러누울 수는 없는 노릇이었다. 관련 법령을 상세히 확인했다. 아무리 그렇지만, 정부 정책이 일방적으로 주민피해만을 요구할 리 없다는 생각이 들었던 것이다. 역시, '폐촉법(폐기물처리시설 설치촉진 및 주변지역지원 등에 관한 법률)' 21조에 피해주민 지원에 대한 규정이 있었다. 시행령에는 시설에 반입되는 폐기물 수수료의 100분의 10의 범위에서 지방자치단체가 조례로 정한 금액을 지원할 수 있다고 규모까지 명시했다.

나는 시 집행부에 주민들에 대한 지원을 지속적으로 요구했다. 생

의정활동 당시

활불편과 건강 위협, 거기다 집값 하락 등 재산권 피해까지 보고 있는 주민들의 처지를 계속 설득하고 전국에서 확인한 지원사례도 제시했다. 덕분에 유산공단 매립장 인근 주민들은 매년 종량제 쓰레기 봉투 판매액의 10%인 1억3,000만~1억5,000만 원 규모의 지원을 받아 마을 주거환경 개선사업이나 장학금, 주민화합행사 등 다양한 용도로 요긴하게 쓸 수 있게 되었다.

## 혐오시설 피해주민 지원, 세금 누수 개선 등 보람도

느끼지 못하는 곳에서 세금이 새나가는 구멍을 찾아 개선하기도 했다. 양산시는 우리나라의 대표적 천정천天井川인 낙동강을 접하고 있다. 물금지역 농경지의 상당 면적이 낙동강보다 저지대에 위치해,

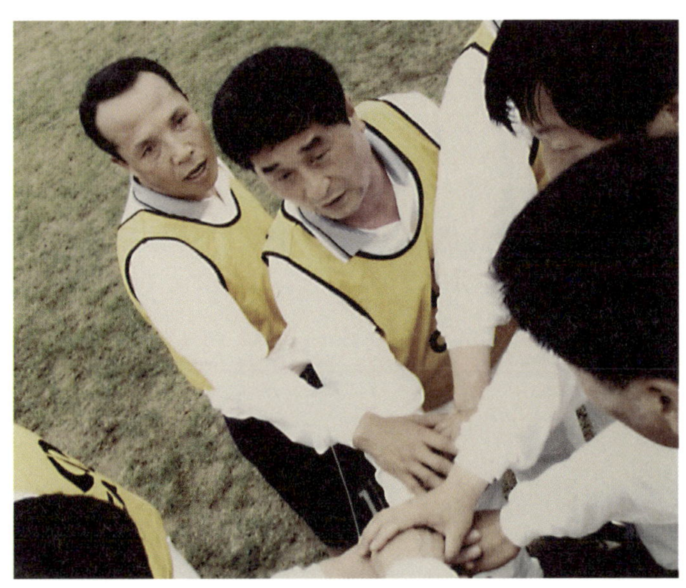

조기축구회에서

비가 많이 내리면 배수排水 펌프를 가동해 낙동강으로 퍼내야 하는 형편이다. 원동천이나 양산천 강변에도 사정이 비슷한 곳이 적지 않다. 또, 저지대 배수장들은 한국전력에 배수장 전기를 신청할 때, 용량도 굉장히 높게 잡아 계약을 맺는다. 만일의 폭우를 생각해 전기 용량을 넉넉히 확보해 두는 것이다.

그러나 이상기후에 따른 국지성 호우 등 기후변화가 아무리 심하다 해도, 아직까지 여름 한 철 외에는 침수피해 위험이 그리 높지 않은 게 현실이다. 가뭄에 땅이 쩍쩍 갈라져도, 비 한 방울 내리지 않는 겨울철에도 전 지역 배수장의 전기요금 고지서에는 다달이 계약 용량에 대한 기본요금이 부과돼 나오고 있었다.

양산시를 통해 지난 5년간의 월별 배수장 전력 사용량을 파악하고, 회계과 등 계약 관련 부서와도 협의를 했다. 1년 중 6월~10월까지만 고용량의 전기 사용계약을 유지해도 충분하다는 결론이 나왔다. 이후로는 한국전력과 '계절 부하負荷' 계약을 체결, 1년 중 7개월 동안은 전기는 연결한 상태에서 고용량 기본요금은 물지 않게 되었다. 당시 계약용량이 가장 높았던 신기新基 배수펌프장의 계약이 4,040kw에 kw당 기본요금 5,687원이었으니 약 2,300만 원의 헛돈을 절약하게 되었다. 그리 큰 금액은 아닐지 모르지만, 당시에도 4~5곳의 배수장이 있었고 앞으로 수십 년 수백 년 동안 나갈 수도 있었다고 생각하면 작다고만 할 수도 없는 돈이다.

### 민원해결에도 통한 '스포츠 이심전심'

유산공단에서 가동되던 폐기물 소각업체의 이전도 시의원 의정활동 기간 기억에 남는다. 시설이 노후한데다 쓰레기 운반과 소각로 투입 등을 수작업으로 처리해 각종 민원이 빗발쳤다. 악취도 심각하고 야간에는 시꺼먼 매연을 뿜어내, 도심지역인 중앙동과 삼성동 주민들까지 밤낮없이 나에게 전화를 걸어 올 정도였다. 나 역시 시청으로 전화를 할 수 밖에 없는 일이었다. 그때마다 카메라를 들고 현장에 나와야 하는 환경담당은 나의 중학교 1년 선배였으니, 서로 난처한 처지였다.

'배경'이 든든하다고 소문이 났던 소각업체 사장 역시 심기가 좋을 리 없었다. 회사를 들쑤시는 젊은 시의원을 언젠가 '손을 봐 주겠다'고 벼르고 있더라는 소리도 들렸다. 게다가 70대 고령인데도 축구광이어서, 당시 양산시 축구협회장을 맡고 있던 나하고 얼굴을 부딪쳐야 하는 경우도 많았다.

행사장이나 경기장에서 마주치면 내가 먼저 달려가 인사를 하고 소각로에 대한 민원을 하소연했다. 그는 "조만간 회사를 이전할 계

재래시장 방문

획이니 조금만 참아달라."고 했고, 나는 "옮길 때 옮기더라도 당장 주민 불편은 해소해 달라."고 물러서지 않았다.

만날 때마다 밀고 당기는 입씨름을 하는 사이에 미운 정 고운 정이 들어, 언젠가부터는 눈빛으로도 대화를 주고받는 사이가 됐다. 그분은 당시 부산에서 70대 축구동우회 회장으로 활동하는 노익장이었고, 나 역시 어릴 적부터 스포츠라면 종목 가리지 않고 좋아했기에 은근히 마음이 통했던 것이다.

결국 회사는 2005년엔가 옮겨 갔는데, 그분은 80대 중반까지도 부산의 생활축구계에서 '현역'으로 뛰었다고 한다.

## 진로 고심한 시의원 임기 후반

시 집행부와 때로는 의기투합하고 때로는 얼굴을 붉히며 의정활동을 하는 사이 어느덧 4년 임기가 끝나가고 있었다. 2002년이 밝으면서, 동료 의원들은 모여 앉으면 자연스레 선거를 화제로 삼게 되었다. 누구는 시장에 도전해 보겠다고 했고, 누구는 3선에 성공해서 의장이 되겠다, 혹은 도의원에 나서겠다는 등 계획이 다양했다.

고민을 하기는 나도 마찬가지였다. 아무리 열심히 땀을 흘려도 기초의원의 권한으로는 해낼 수 있는 일이 별로 없었다. 재선 시의원이 되더라도 크게 다르지 않을 것 같았다. 회사는 회사대로 소홀해지고 집행부와의 관계도 불편했다.

의회 안에서도 고까운 눈으로 보는 동료 의원들이 없지 않았다. 의장단 선거 때의 앙금이었다. 의회는 임기 4년을 절반으로 나누어 전 · 후반기 의장단을 뽑는데, 후반기 선거에서 총 9명의 의원 대부분이 의장, 부의장 등에 출마했다. 4~5명의 초선 가운데서도 평의원으로 남겠다는 사람은 나 혼자였다. 회사 경영과 외국 출장 등 사적으로도 바쁜 판에 의회에서 직책을 맡기란 너무 벅찬 일이었다.

불출마한 것까지는 좋았는데, 그게 또 화근이었다. 모든 후보들이 나 한 명을 두고 득표활동을 벌이는 상황이 연출된 탓이다. 선거가 지나고 나자 낙선한 사람들의 원망을 혼자 덮어써야 하는 결과가 되고 말았다.

폐기물 매립장 때문에 지역 국회의원을 지낸 거물 정치인과 막말을 주고받은 것도 마음에 걸렸다. 그렇다고 맥없이 시의원 한 번으로 도중하차하는 것 역시 유권자들에 대한 도리가 아닌 것 같고….
대화자리에 끼어서도 씁쓸한 기분으로 혼자 생각에 잠겨 있는데 누군가 선배 의원이 말을 걸었다.

"조의원은 어떻게 할 거요? 아직 젊으니 재선부터 하고 봐야지?"

"저는 더 이상 시의원에 미련 없습니다. 차라리 도의원에 한 번 도전해 보고, 안되면 깨끗이 원래 자리로 돌아갈까 합니다."

## 무모한 도의원 도전, 그리고 당선

다들 무모한 생각이라는 반응이었다. 당시까지 시의원 후보는 공천제가 아니었지만 대부분 당적을 가지고 있어 '이름만 무소속'이었다. 소속 정당 눈 밖에 나면 조직의 쓴 맛을 각오해야 할 판에, 도의원은 정당 공천이 필수조건이었다. 국회의원을 지내고 아직 영향력이 큰 거물인사와 '맞장'을 뜬 햇병아리 시의원이 도의원 출마라니, 정치적 자살행위로 비쳤던 것이다.

공천시기가 다가왔을 때, 국회의원 독대를 신청했다. 면담자리에서 뜻을 밝히자 "도의원 자리는 시장 공천에서 탈락하는 사람들에게 배려해 주어야 하지 않겠느냐."는 말과 "그 밖에도 3선에 시의회 의장을 지낸 중진까지 있으니 포기하라."는 대답이 돌아왔다. 아직 젊은데 서두르지 말라는 당부도 덧붙였다.

예상했던 반응이지만, 시의원에 다시 출마할 마음은 접은 지 오래였다. 다른 선택지가 없었다. 계란으로 바위를 치는 심정으로, 눈을 질끈 감고 공천 신청서를 밀어 넣었다. 다행히 낙점落點 공천 대신 당내 경선을 통해 후보를 선출하기로 결정되었지만, 어려움이 없지 않았다. 경쟁해야 할 상대가 평소 지역에서 제일 가깝게 지내던 선배였기 때문이다.

선거를 치를 때 가장 어려운 부분도 그 점이다. 경쟁 과정에서 충

도의원 때 언론보도

돌하다 보면 끝내 마음을 상해 등을 돌리는 결과를 감수해야 한다. 당사자들도 그렇지만, 지지자들 사이에도 골이 파인다. 경선에서 이겨 공천을 받고 선거에서도 당선되었지만, 그 선배와 한동안 서먹한 사이가 된 점은 두고두고 가슴 아팠다.

시간이 흐르면서 다행히 그 선배와는 서로의 허물을 털고 원래 사이로 돌아왔다. 소주잔을 기울이며 세상 이야기를 나누다 보면, 아스라한 추억들이 새록새록 되살아난다.

## 도지사와 '상생', 지역 챙긴 도의회 활동

도의원에 당선돼 등원하자말자 또 선거전을 맞았다. 7대 도의회의 전반기 원 구성을 위한 의장단 선거였다. 초선 의원의 입장에서야, 후보들을 비교해 적임자를 선택하면 그만이었다. 그런데 인근 지역의 도의원이 양산으로 찾아와 상임위원장 출마를 권유했다.

"조의원님, 어쩔 생각입니까? 의원님이 위원장에 도전한다면 저도 힘껏 돕고 싶습니다."

"말씀은 고맙지만 저는 아직 초선에 능력도 부족합니다. 지금부터 선배 의원들께 배워 나가야 할 입장입니다."

"아닙니다. 조의원님은 재선입니다. 그리고 양산시 의회에서의 활동이나 경영능력 등을 높이 평가하는 동료의원들이 많습니다."

도의회에서는 기초의회 경력도 선수選數에 포함하므로, 양산시의원을 지낸 나의 경우 재선 의원으로 본다는 거였다. 6대 의원들이 당선자들 면면을 살피는 과정에 나에 대해 좋은 이야기가 많이 나왔다면서 출마를 강력 권유했다.

도의회 상임위원회는 경제환경문화, 기획행정, 농수산, 건설소방, 교육사회, 운영위 등 6개로 구성돼 있었다. 고민 끝에, 나의 전문분야라 할 수 있는 경제 · 환경에 평소 관심이 많은 문화까지 포함된

상임위원장 당시 회의 주재 모습

경제환경문화상임위원장 출마를 결심했다. 그러나 대답을 들은 그 의원은 난처한 표정을 지었다. 경제환경문화상임위원회는 가장 핵심 위원회라서 중진들이 대거 포진하고, 위원장 경쟁률도 높다는 거였다.

## 초보 도의원으로 핵심 상임위원회 위원장 당선

나는 "원하는 자리가 아니라면 괜히 '감투'나 얻어 쓰는 건 의미 없는 일입니다."라고 뜻을 밝혔다. 내친 김에 경제환경문화상임위원회 배정을 신청하고 위원장 후보로 등록했다. 선거는 합종연횡, 이합집산 등 어지러운 과정을 거치며 진행되었다. 그런 바람에 휩쓸리지 않고 시의회에서의 소신적인 활동과 기업 경영 경험을 홍보한 결과, 진정성을 인정받아 위원장에 무난히 당선되었다. 동료의원들은 '독립군 선거'로 이룬 쾌거라고 축하해 주었다.

김혁규 지사는 △국민을 풍요롭게 하고 △국가미래에 대한 기대와 희망을 주는 행정을 강조하고 있었다. 이를 위해 투자확대와 수출 증대, 지식 · 정보산업 육성에 역점을 두었다. 특히 투자유치를 위해서는 삼성그룹 영업파트의 현직 부장을 경남도 투자유치과장으로 특채하는 파격을 감행했다. 투자기업별로 맞춤형 테스크포스를 구성하고 도지사가 직접 진두지휘해 모든 행정절차를 대행, 사업계획서 제출부터 공장 착공까지 행정절차를 종전 1년에서 1개월 이내로 대폭 단축했다. 도지사가 발 벗고 뛰니 공무원도 함께 뛰는 보기 좋은 장면에, 의회도 지원을 하는 게 당연하다는 생각이었다.

사실 나는 시의원 시절부터 김 지사와 교류가 있었다. 각별한 지역후배 신인균 박사(57, 자주국방네트워크 대표)의 장인어른과 김 지사가 막역한 사이여서, 소개를 통해 경남도 예산을 받아내는데 여러 번 도움을 받았었다. 또 평소에도 김 지사의 경영행정과 과감하고 공격적인 사업추진에 공감하고 있었기에 위원회 차원의 힘을 실어주기 위해 애썼다.

### 현장 직접 보여주며 예산지원 호소

김 지사도 나를 각별히 챙겼다. 동료의원들은 "도지사가 조위원장 부탁이라면 다 들어주는 바람에 경제환경문화위원회가 도의회의 상원上院 구실을 한다."고 불만을 토로할 정도였다.

2003년 상북면에 도립 양산노인전문병원을 유치할 때만 해도 그

원동문화체육센터

랬다. 앞서 부산대 양산병원에 어린이전문병원을 유치한 게 약점이었다. "출산율이 높고 어린이 인구가 많은 양산이 최적지"라고 강조한 것이, 이번에는 "노인병원은 고령인구가 많은 지역에 내 놓으라"는 서부경남 지역의 공격 빌미가 되어 돌아왔다.

어쩔 수 없이 이번에도 도지사를 만나 양산지역의 노인병원 필요성과 타당성을 설득했다. 실버주택, 요양원 등 노인시설들이 물 좋고 공기 맑은 곳을 선택했다가 이용불편으로 문을 닫은 사례들을 강조하면서 "우리 양산은 천혜의 자연환경에 교통 편리성까지 고루 갖춘 지역"이라고 강조한 것이 주효했다.

"지사님, 양산은 부산과 울산이라는 두 거대도시를 연결하는 경남의 핵심지역입니다. 양산의 '양梁'자부터 '대들보' '다리' 등의 뜻을 가지고 있는 성장도시입니다. 그런데도 '경남'이나 '도립'이라는 말이 들어간 도단위 기관이 단 한곳도 없습니다. 이래서야 되겠습니까?" 라고 덧붙이자 김 지사는 고개를 끄덕이더니 도립 노인병원 유치에 양산의 손을 들어 주었다. 덕분에 보너스처럼 신용보증기금 양산지점도 유치하게 되었다.

도지사 현장 방문을 통해 뜻을 이룬 적도 있다. 춘추공원 정비사업 예산 지원이 대표적인 경우였다. 주말을 택해 김혁규 지사를 양산에 초대해 점심자리를 마련했다. 춘추공원을 보여드릴 생각이었다. 삼조의열단과 현충탑, 그 아래로 유유히 흘러가는 양산천 등이 어우러진 향토정신의 뿌리를 자랑하면서 도움을 청해보자는 속셈이었다.

식사를 마치고 춘추원을 안내하며 곳곳에 모셔 놓은 역사 인물들과 우리 시민들의 추모정신을 소개했다. 김 지사는 “소박하면서도 선열들을 추모하는 분위기가 잘 느껴지는 역사공원”이라고 평가했다. “도심 가까이 이렇게 잘 보존된 녹지공간이 있는 것도 축복”이라며 수도 워싱턴의 웰링턴 국립묘지가 시민들에게 힐링 숲과 추모공간의 역할을 동시에 하고 있는 미국의 예를 들었다.

무명용사든 전직 대통령이든 묘지 면적이 똑 같다는 것, “단 한명의 전우도 전장에 남겨두지 않는다(Leave no man behind).”는 모토로 전 세계의 미군 전사자 유해를 찾아 웰링턴 묘지에 안장하는 ‘전쟁포로 및 실종자 확인 합동사령부(JPAC)’ 등을 언급하면서 “나라가 애국자들을 예우해야 애국하는 문화가 조성되는 법”이라고 소감을 덧붙이기도 했다. 바로 이때다 싶었다.

“지사님, 사실 그래서 오늘 이곳으로 모셨습니다. 우리 양산은 물금신도시 조성으로 급속히 팽창하고 있습니다. 춘추공원을 새로 전입해 오는 시민들이 양산의 얼과 애향심을 자연스레 접할 수 있는 공간으로 가꾸고 싶습니다.”

그렇게 해서 춘추근린공원 조성사업비 20억 원, 또 공원 앞에서 시내와 연결되는 영대교 재가설공사 13억 원 등의 도비 지원을 이끌어 낼 수 있었다.

### 인구 부풀려가며 '목욕탕' 건립지원 호소

원동면의 원동문화체육센터 건립 역시 비슷한 과정을 거쳤다. 도지사실에서 티타임을 갖던 중, 양산에서는 오지에 속하고 문화시설도 없는 원동면의 주거여건을 호소하며 "몸 한 번 씻기 위해 밀양시 삼랑진읍까지 나가야 하는 어르신들을 위한 목욕탕이라도 있었으면 좋겠다."고 건의했다. 김 지사께서 "원동면 인구가 얼마나 되느냐?"고 묻기에, 2003년 당시 인구를 좀 부풀려서 한 5천 명 정도 된다고 답했더니 오히려 깜짝 놀라는 거였다. 5천 명이면 웬만한 군의 읍 소재지 인구인데 목욕탕이 없을 리 있느냐는 반응이었다. 그 자리에서 전화로 원동면장에게 확인을 시켰더니 목욕탕 건립은 쉽게 받아들여졌다.

내친 김에 "목욕탕을 이용할 주민들이 대부분 70대 이상의 고령이라는 점을 강조해 찜질방과 물리치료실 등 다른 편의시설까지 부탁했다. 거기에 체력단련실, 청소년 공부방과 문화공간까지 두루 갖춘 원동문화체육센터는 이제 원동 주민들의 여가생활에 더 없이 소중한 공간으로 자리매김 되었다.

더욱 보람되게 생각하는 분야는 교육예산 지원이다. '교육은 국가백년대계'라는 말은 교육의 중요성을 강조하는 의미지만, 오늘날은 지속가능한 도시의 조건이기도 하다. 교육의 질은 도시의 경쟁력과 직결되기 때문이다. 교육여건이 갖추어지지 않아 젊은 부모들의 외면을 받는 도시는 미래를 보장받을 수가 없는 것이다.

## 교육예산은 항상 경남도내 으뜸 자리 지켜

양산시 학교운영위원장협의회 회장, 경남 시 · 군협의회 감사, 양산시 교육자문위원 등을 비롯한 교육 관련단체 활동경험을 바탕으로, 김혁규 지사에게 "교육 투자야말로 지사께서 강조하는 '국가미래에 대한 기대와 희망을 주는 행정'의 시작"이라고 역설했다.

교육투자를 끌어오는 노력은 김혁규 지사 사퇴 후 보궐선거에서 당선한 김태호 지사, 표동종 · 고영진 교육감 등 상대를 가리지 않았다. 덕분에, 도의원 임기 동안 양산에 배정된 교육예산이 1,200여 억 원에 달했다. 삽량 · 대운 · 평산 · 신명초등, 범어 · 서창 · 신주중, 물금고교 등 그 기간 신설학교만도 10여개교가 넘는다. 좁은 부지, 열악한 접근성 등으로 학부모들의 불만이 높았던 양산교육지원청도 2005년 당초예산에 29억 원을 반영해 이전을 가시화했다. 혼자 힘으로 해낸 일도 아니고 신도시 조성 덕분이기도 했지만, 비슷한 여건에다 규모는 훨씬 큰 김해시와 비교해도 앞선 성과였다. 그 밖에도 국도 60호선 연장건설비 90억 원, 원리~영포간 국지도 69호선 확장사업비 102억 원, 화제천 수해복구사업 43억 원을 비롯한 여러 지역숙원사업의 예산확보도 김혁규 지사의 측면지원에 힘입은 바가 컸다.

도의원 임기 4년 가운데 내가 김혁규 경남지사와 함께 한 기간은 1년 반 정도에 불과했다. 그가 2003년 12월 15일 한나라당 탈당과 함께 도지사직도 사퇴했기 때문이다. 1년 반이란 그리 길지 않은 시

김혁규 지사와 함께

간이고, 도의회 휴회 기간을 감안하면 실제 서로 상면한 기회는 많아야 100번 안쪽일 것이다. 하지만 현장을 누비며 해답을 찾고 그것을 몸소 실천하는 자세, 남들이 '안 된다, 못 한다'는 일을 역발상을 통해 해결해 내는 탁월한 안목, 미래를 내다보고 선제적으로 준비해 나가는 예지력 등 참으로 배운 바 컸다. 경남산품慶南産品의 시장 개척을 위해 오대양 육대주를 발로 뛴 '주식회사 경남' 사장으로서의 모습에서도 오늘날 지방자치단체장이 갖추어야 할 덕목이 무엇인지를 여실히 깨우쳤다. 특히 기초단체와 경남도, 경남도와 중앙정부 등이 상하관계나 갈등 대신 상생을 통해 해낼 수 있는 일이 훨씬 많다는 사실도 새삼 경험한 도의원 생활이었다.

## 부산대 병원, 약속 지키든지 땅 내놓든지!

도의원이 된 후 주력한 분야 중 하나는 물금신도시 관련 활동이었다. 1994년 중부동과 물금읍, 동면 일원 1,067만여㎡의 '양산 물금지구 택지개발지구' 지정으로 시작된 이 사업은 중부동 1-1단계 준공(1999년), 물금읍, 동면 일원 3-5단계 준공(2014년), 3-6단계 준공(2015년), 서남마을 지하차도 등 3-1단계 준공(2016년)까지 완공에 무려 22년이 걸린 대역사大役事였다. 한국토지주택공사가 총사업비 3조 140억 원을 투입했다. 단독주택 3,419가구와 공동주택 4만 7,697가구, 주상복합 등 5만 2,000가구에 수용인구 15만 2,000명에 달하는 신도시이다.

토지주택공사 관계자의 후일담에 따르면, 사업의 시발점은 YS가 부산 · 경남에 준 대통령 당선 선물이었다. 93년 대통령에 취임한 YS는 용지난으로 침체에 빠진 부산을 위해 배후도시를 조성할 땅을 찾아보라는 특명을 내렸다. 즉각 헬기로 부산 인근 상공을 돌아 본 건설부와 토지개발공사 간부들이 낙점한 곳이 바로 물금이었다고 한다.

도의원 당선 당시는 중부동 지구 준공 후 물금읍 개발이 진행되던 시기였다. 외환위기 사태로 국내 경기가 오랜 부진에 빠져, 신도시 조성도 속도를 내지 못하고 있었다. 자금력이 딸리게 된 LH가 전국의 신도시 조성사업을 재검토, 여러 지역의 계획을 아예 취소하거나 유보한 것에 비하면 그나마 사정이 나은 편이었다.

### '물 반 흙 반' 연약지반에 난공사 애로

기술적 측면에서도 애로가 많았다. 신도시 부지는 거의 전체가 연약지반이어서 과다한 사업비가 소요되고 난공사難工事를 이겨내야 했다.

LH 내부에서는 "물금은 '건드리면 안 된다勿禁'는 선조들의 지혜와 경고가 담긴 이름"이라며 신도시 조성에 반대하는 의견도 높았다고 한다. 개인적으로는 나의 손위 동서로 당시 LH 부산본부장으로 물금신도시 사업을 관장했던 김도종씨도 "물금은 낙동강의 토사가 쌓여 이루어진 충적평야로, 지질분석 결과 클레이(clay, 찰흙), 실트(silt, 입자가 아주 작은 모래 알갱이) 등이 섞여 '물 반 흙 반'인 상태였다."며 농사에는 좋아도 토목공사에는 최악의 땅이라고 평가한 바 있다. 성토 과정에서도 특수공법으로 물을 빼내고 지반을 다진 다음 흙을 쏟아 넣어야 했기에 조성원가가 높아졌다고 말했다.

자연히 성토용 흙 수요가 많아져 신주마을 뒷산을 토취장으로 사용하는 과정에 우여곡절을 겪었다. 신주마을은 임진왜란 당시 양산향교의 신주神主 즉 공자, 맹자 등 5성五聖의 위패를 뒷산에 피난시켜 묻었던 데서 유래한 이름이다.

유서 깊은 산을 훼손할 수 없다는 여론이 만만찮았고, 발파 소음, 분진 등을 우려한 마을 주민들의 민원도 거셌다. 어쩔 수 없이 100호戶에 달하는 마을 전체를 이주시키고 토석을 채취했지만 다시 난

신도시 개발전의 물금읍(1996)

신도시 개발후의 물금읍

관을 만났다. 바닥이 단단한 청석靑石 재질의 암반으로 이루어져, 원래 계획보다 일찍 토석채취를 중단해야 했던 것이다. 깎아낸 자리는 유원지 지구로 지정돼 있지만 표고標高가 높아 현재로서는 활용방안이 마땅찮은 실정이다.

어려운 가운데서도 신도시 공사는 진척됐지만, IMF 사태로 사회 전반의 경기가 침체되면서 분양부진이라는 악재가 가로놓여 있었다. 소도시에 불과한 양산에 엇비슷한 크기의 신도시가 들어서다 보니, 인구 유입을 견인할 수 있는 동력이 없었다. 인접지역인 김해시가 내외동 신도시, 북부 신도시 등 한 발 앞서 간 것도 경쟁에 불리하게 작용했다. 분양의 성패는 LH의 사업성만이 아니라 신도시의 미래와 직결되는 문제였다. 분양이 지지부진하면 기존 입주자들의 역류현상으로 '유령 신도시'가 초래될 수도 있었다.

### 분양부진에 '부산대 제2캠퍼스 이전' 즉시타

뭔가 획기적인 '한 방'이 절실한 상황이었다. 바로 그 때 터진 적시타適時打가 부산대학교 제2캠퍼스 물금신도시 입주결정이었다. 2년 가까이 부산시의 수성守城 전략에 맞서 양산, 김해, 진해, 울산광역시 등이 각축했던 유치전에서 양산의 승리가 선언된 것이다. 2002년 새해 벽두에 전해진 낭보였다. 1월 9일 오전 박재윤 당시 부산대 총장과 안상영 부산시장, 최희선 교육부차관은 3자회동을 갖고 부산대 치 · 의대의 양산 이전 합의 사실을 발표했다.

그러나 제2캠퍼스 추진 과정을 잘 아는 나로서는, 기대했던 홈런 대신 안타가 나온 '절반의 승리'였다. 당초 부산대가 함께 이전하겠다던 공대工大는 원래 자리에 남기로 결정됐기 때문이다.

부산대가 제2캠퍼스 조성과 치 · 의대 이전계획을 처음 세운 것은 2000년도였다. 개학과 함께 15명으로 구성된 부지선정위원회를 구성해 제2캠퍼스 터를 찾아 나섰다. 1차 후보지는 부산의 기장군과 우리 양산, 이웃 김해시, 울산광역시 등이었다. 울산의 심완구 시장이 울주군 삼동면 조일리 일대 약 50만 평의 부지와 진입도로, 상하수도 등 기반 시설까지 800억 원 규모의 지원계획을 밝히면서 경쟁에 불을 댕겼다.

부산대 양산 이전의 길을 터준 곳은 LH였다. 분양부진을 타개하기 위해, 신도시의 중심상업지역을 교육용 부지로 변경해 평당 15만원에 분양하겠다는 파격적인 제안을 내놓았다.

대단한 모험이었다. 평당 15만 원은 편입농지의 수용가와 비슷한 가격이다. 조성원가의 20분의 1에 불과했다. 노른자위 땅을 이처럼 헐값에 넘겨주면 다른 곳의 분양가가 더욱 높아지고, 없어지는 중심

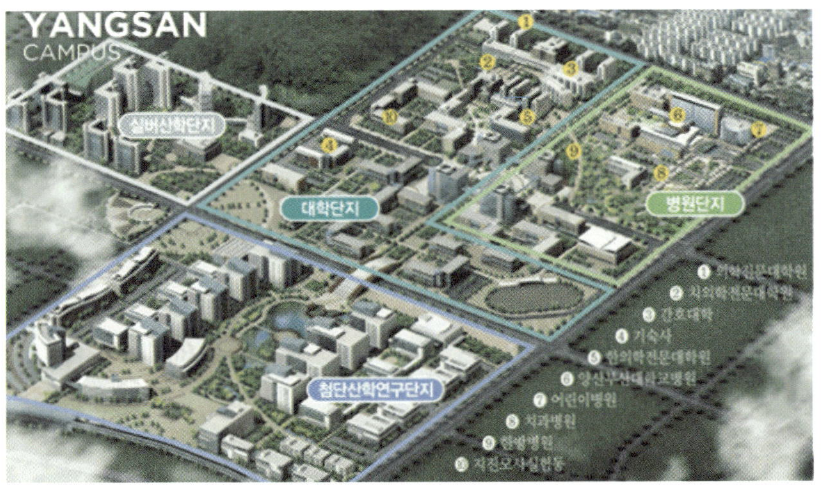

당초 부산대 양산캠퍼스 조감도(출처 : 양산시)

상업지역 대신 곳곳에 일반상업지역이나 근린상가를 재배치해야 하니 공기工期 지연도 불가피했다. LH는 치·의대와 공대 이전부지의 분양대금 510억 원에 대해서도 3년 거치 5년 무이자 분할 상환 조건으로 부산대측의 부담을 덜어줘 우리 양산이 거대 광역시 울산의 물량공세를 물리치고 경쟁에서 이길 수 있는 토대를 마련해 주었다.

동서를 만나 사정을 들어보니 현장 관계자들은 불만이 컸다. 내부적으로는 대학보다는 중심상업지역이 신도시 활성화에 더 도움이 된다는 반발도 적지 않다고 했다. 동서는 은퇴한 지금도 "처음부터 YS의 하명下命으로 추진된 사업이 아니었다면 완공까지 가지 못했을 지도 모른다."고 물금 신도시를 30여 년 근무 중 가장 어려웠던 사업으로 회고했다.

유치경쟁이 불붙어 있던 동안 시의원으로 활동했기에, 나 역시 많은 애를 썼다. 부산대는 서구 부민동의 대학병원이 부산시의 서쪽에

치우친데다 부지가 협소해 증축도 불가능해 애로를 겪고 있었다. 공대 역시 건물과 실험실습 기자재 등의 노후화에도 여유부지가 없었다. 이전 외에는 별다른 대책이 없는 실정이었다.

이같은 사정을 확인하고, 부산대측의 이전계획을 들어보기로 했다. 매주 화요일 열리는 양산시의회 의원협의회에 초청받은 문광삼 부산대 기획실장으로부터 이전의지를 확인한 나는 이후로 종종 문실장을 만나 협의를 계속했다. 장전동 캠퍼스와의 거리, 교통 인프라, 산학협력 여건 등 물금 신도시의 장점을 강조하며 이전계획을 독려했다.

그도 속 생각을 털어놓았다.

"사실, 저는 양산 이전이 물금신도시나 우리 학교가 모두 사는 길이라고 생각합니다. 그런데 학내에서는 교수들 상당수가 양산을 꺼리는 분위기입니다. 익숙한 부산을 떠나 중소도시로 주거를 옮겨야 한다는 것을 내켜하지 않는 것이죠."

문실장은 서울대 출신으로 충북 청주가 고향이었다. 지금 당장은 시골이나 다름없는 양산이지만, 향후 성장 가능성이나 부산대의 미래를 생각할 때 양산이전이 최선의 방안이라는 확신을 가지고 있었다.

한 번은 그가 전화를 걸어 와 "저녁이나 하자"길래 휴일인데도 부신 온천장으로 나갔다. 식사를 마치고 인근의 자택에서 차를 내집한 그는, "조의원 같은 분이 양산시장이면 좋겠다."며 한숨을 쉬었다. 학내는 물론 부산지역 정치권과 학교 주변 장전동 주민들의 반대로 궁지에 몰려 있는데, 양산지역이 좀 더 적극성을 보여 맞바람을 일으켜 주지 않으니 자기 혼자 외로운 싸움을 하고 있다는 하소연이었다.

어느날은 제법 늦은 시간인데도 학교로 약속이 잡혀 문실장의 방에 들렀다. 복도를 걷는데 총장실 바로 옆 사무실에 사람들이 둘러앉아 열심히 도면을 작성하고 있었다. 그에게 물었더니 도시계획, 토목공학 등 학교의 전문가들로 구성한 제2캠퍼스 부지 검토 TF팀이라고 했다. 어깨 너머로 '기장 이전 불가론' 등의 자료와 물금신도시 지도가 보였다. 직감적으로 부산대 내부 결정이 양산으로 기울었다는 확신을 갖게 됐다.

## 2년여 치열한 유치전 끝에 얻은 승리

부산시는 부산대학이 외지에 분가를 하면 지역경제 위축과 인재의 역외유출이 벌어진다며 기장군 삼성리를 대안으로 제시하며 끝까지 부산대의 발목을 잡고 있었다. 공무원 조직과 부산시보釜山市報까지 동원해 부산대학의 이전의지를 꺾는데 안간힘을 썼다.

부산대 측이 2000년 7월 교육부에 2009년까지 치 · 의대와 공대를 양산으로 이전하는 계획의 승인을 신청하면서, 상황이 끝나는 듯했다. 그러나 부산시장과 부산지역 국회의원들이 대거 나서서 교육부를 압박했다. 이에 항의해 박재윤 부산대 총장이 2002년 새해 이튿날부터 단식농성을 벌이는 초유의 사태가 벌어지기도 했다.

박총장은 단식에 돌입하기 전 기자회견에서 "부산대 제2캠퍼스 부지문제를 정치적으로 악용하는 부산시장과 지역 국회의원들이 부산대 명예와 학교발전을 막고 있다."고 지적했다. 상황이 극단으로 치달아 부산 정치권에 대한 비판여론이 높아지자 1주일 만에 교육부와 부산시장이 박총장을 만나 원래 계획의 절반 이전이라는 절충안에 합의를 이룬 것이다.

부산대 양산병원과 치 · 의대 등의 신축공사가 진행되면서, 물금신도시는 어느 정도 활기를 띠게 되었다. 주로 젊은 층 위주인 신도시 입주 희망자들에게, 종합병원이 가까이 있다는 건 아주 매력적인 요소였다. 병원을 드나드는 유동인구 덕에 주변 상가의 영업 사정도 나아졌고, 원룸 수요도 늘어나는 등 다방면으로 활기가 돌기 시작했다.

한 번 호재好材가 생기자, 좋은 일이 이어졌다. 정부가 24시간 진료 가능한 어린이병원을 늘리기로 함에 따라 경남도에 대학병원급 어린이 전문병원 설립 기회가 온 것이었다. 처음에는 이런 계획이 있다는 사실을 모르고 있었다. 부산대 제2캠퍼스 건설단장을 맡고 있던 백승완 박사(양산 부산대병원 초대병원장)가 찾아와 이같은 정부 계획을 알려주며 유치를 부탁했다.

계획을 알게 된 이상, 나 역시 가만있을 수 없는 일이었다. 도청 담당부서에 관련 자료를 요구했더니, 과장이 직접 들고 올라온 계획서에는 어린이 전문병원을 진주 경상대 병원에 설치하는 것으로 되어 있었다. "이게 확정된 계획이냐?"고 묻자 과장은 "아직 '기초 계획서'지만 다른 검토사항이 없어 사실상 결정이 난 사항입니다."라고 답변했다.

어떤 과정을 거쳐 진주로 결정된 거냐는 질문에 의아한 표정을 짓더니 도내 유일의 국립대 부속병원이니 경영능력이나 의료의 질 등을 감안할 때 당연한 결론이라는 요지였다.

## '부산 편입운동' 배수진으로 유치한 어린이병원

"○과장, 양산의 부산대 병원은 국립대가 아니라는 이야깁니까?"

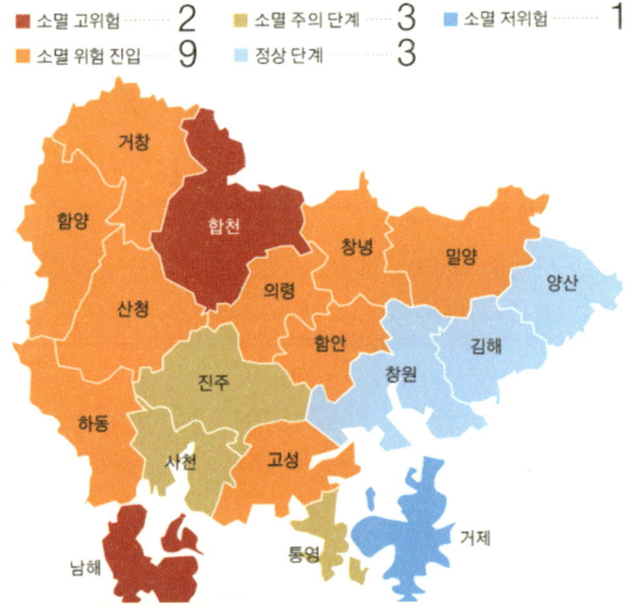


경남도내 소멸위험지역 지도(한국고용정보원, 이상호 부연구위원)

그제야 의도를 짐작한 그는 "의원님, 부산대 병원은 말 그대로 부산대학교의 부속병원 아닙니까, 이 병원은 우리 경남에서 관할해야 합니다."라며 다소 황당하다는 표정을 지었다.

"아니, 양산에 있는 대학병원이면 양산의 병원이지, 양산이 부산 땅이라도 되느냐?"고 거세게 몰아붙이며 계획안을 도의회로 넘기라고 요구했다. 과장은 병원 위치 결정은 의회 승인 사항이 아니라 경남도 업무범위라면서 "국장님과 의논해 보시는 게 좋겠다"고 물러섰다.

진주는 서부 경남의 중심지이고, 서부경남은 고령화로 인해 출산율이 아주 낮다. 군지역 대부분이 대표적인 소멸위험지역으로 꼽히고 있는 실정이다. 한 마디로, 병원을 지어주어도 이용할 어린이가 그렇게 많지 않다는 뜻이다.

노인전문병원이라면 몰라도, 어린이 전문병원은 젊은 거주자가 많은 지역에 설립하는 게 너무나 당연한 정책인 것이다.

그러나 담당 국장은 물론 진주를 중심으로 한 서부경남권 도의원들이 나의 주장에 거세게 반발했다. 서부경남의 출산율이 낮기 때문에 더더욱 진주에 유치해야 한다는 주장도 나왔다. 보육환경을 개선해야 젊은 층의 귀촌 귀농을 유도해 시 · 군 소멸위험을 낮출 수 있다는 거였다.

나는 "어려운 재정여건에서 환자 없는 병원을 지어놓고 아기 낳아주기만 기다리는 건 지나친 비약이고 본말을 전도하는 것"이라고 반박했다. 당장 소아암 등 중병에도 갈 곳을 못 찾아 발을 구르는 부모들의 심정을 생각해보라고 설득했다.

어린이 인구가 많은 지역은 양산, 김해, 창원, 거제시 등 동남권에 벨트를 이루고 있고, 물금의 부산대병원은 이미 부지까지 확보돼 있다는 점을 강조했다.

## 어렵게 따낸 만큼 보람 큰 부산대 어린이병원

당위성은 인정하는 듯하면서도, 돌아서면 다시 경남 몫을 부산의 대학에 주어서는 안 된다는 반대편의 기치가 올라갔다. 통합 전이었던 창원과 마산, 김해, 거제 등도 내심 유치 욕심이 있었기에, 도의원 50명 절대다수가 '양산 반대' 대열에 서 있었다. 48대 2의 싸움이었다.

극단적인 방법밖에 없었다. 양산 출신 후배인 이장근 도의원과 함께 "당신들이 양산을 부산 땅으로 본다면, 양산을 부산으로 옮기는

부산대병원 홈페이지

수밖에 없다."며 양산시 부산편입운동 선언이라는 배수진을 쳤다. 양산시의회와 내가 평소 활동해 온 양산시 상공회의소, 시민단체, 일반 시민 등이 힘을 모으겠다고 날을 세웠다.

김혁규 지사와도 담판에 나섰다. 내가 위원장으로 있던 경제환경문화상임위원회 소관의 '투자유치 촉진 조례'가 떠올라서였다. 경영인 출신으로 실물경제통이었던 김 지사가 의욕적으로 추진한 조례였다. 타 시 · 도의 자산 규모 100억 이상 종업원 50명 이상 기업이 경남도내로 이전할 경우 공장부지 대금의 50%를 5년 거치 8년 분할상환 조건으로 지원하는 내용을 담고 있었다.

"지사님, 그 조례 기억하시죠? 자산이 100억만 돼도 모셔오기 위해 애를 쓰면서, 기업으로 치자면 자산이 수천억이나 되는 부산대를 유치했는데 어떻게 서자 취급을 할 수가 있습니까, 구성원의 숫자만 해도 3,400명에 달하는 '거대 기업'입니다."

김 지사의 지원에 힘입어, 어렵게 어린이 전문병원 유치에 성공했다.

2005년 첫 삽을 떠 2007년 준공한 부산대 어린이병원은 부지 1,500평에 14개 진료과목 150병상, 9층 규모로 건립되었다. 사업비 475억 원은 국비 50%, 자부담 30%, 도비 20%(92억 원)였다. 당시 대학병원급 어린이병원은 전국에서도 서울대 병원 단 한 곳뿐이어서 지방거주자들은 질병으로 인한 고통 외에도 서울을 오가는 데 드는 막대한 시간과 불편을 감수해야 했다. 그마저 소아암, 선천성 희귀 난치병 등 고도의 치료를 요하는 어린이 환자들을 다 받지 못하고 있었다. 병실이 모자라 인근 민간병원에 입원해 서울대 병원으로 통원치료를 다니는 사례마저 있었다.

보건복지부의 연구용역 결과에 따르면, 사망률과 출산율이 동반 감소하고 있는 가운데서도 신생아 및 유아의 주산기 질환, 순환기계 질환, 선천성 이상, 소화기계 질환에 따른 사망률은 점차 증가할 것으로 예상되고 있다. 그럼에도 저출산에 의한 수익성 저하가 민간 병상 감축, 소아의료 전문 의료인력 부족 등의 문제를 낳고 있다. 공적 의료분야에서 맡아야 할 부담이 커지고 있다는 의미이다.

부산대 어린이병원은 입원환자수가 개원 이후 지금까지 하루 평균 150명 이하로 떨어진 적이 없고, 외래환자는 2016년 10만명을 넘어서면서 계속 증가추세를 기록 중이다. 영남권 전역의 어린이환자 요람 역할과 함께 파견학급 형태의 '병원학교'도 운영하고 있다.

유치에 땀 흘리던 때가 10년이 넘었지만, 지금도 생각하면 가슴 밑바닥에서 잔잔한 기쁨과 보람이 솟아난다. 근처를 오갈 때도, 저절로 병원 쪽으로 눈이 간다. 장난감 블록 형태의 건물 디자인도 정겹다.

## '양산 디자인공원' 옆 축구장 조성 보람

그런데 부산대 병원 근처에 볼 일이 있으면, 일부러 어린이병원 쪽으로 길을 잡는 또 다른 이유가 있다. 병원 정문이나 부산국과수 방향을 지나면 기분이 영 개운치 못하기 때문이다. 원래 이전해 오기로 했던 부산대 공대가 장전동에 남으면서, 예정부지였던 20만 평의 땅이 허허벌판으로 방치돼 있어 가슴까지 허허롭게 만들어버리는 것이다.

현재 부산대 병원이 선 자리는 당초 계획상 중심상업지역이었다는 건 앞에서 밝혔지만, 신도시 조성 전에도 노른자위 땅이었다. 이 일대는 물금평야에서 가장 기름지고 수해나 습해 등 자연재해도 덜한 위치였다. 이곳에는 우리 논도 있어서, 해마다 볍씨 뿌려 모를 심고, 가을이면 나락을 걷어들이는 농심을 누려오다 신도시에 수용되었다.

대부분의 지주가 평생 농사 밖에 모르던 순박한 주민들이어서, 농토만 잃은 게 아니라 농업이라는 '직업'과 삶의 의욕까지 잃은 사람들이 한둘이 아니다. 이곳 주민들을 대표한 도의원으로서 계획에 없던 주민체육시설을 추가 설치한 것은 그래도 의미 있는 성과였다.

물금발전협의회 회원들을 대동하고 LH를 방문해 "삶의 터전을 잃은 농민들를 위로하는 차원에서라도 스포츠 시설을 조성해 달라고 강력히 촉구했다. 협의 끝에 2면 크기가 넘는 물금 디자인공원 축구장을 조성하게 되었던 것이다.

### 황무지로 방치된 '부산 공대' 이전부지
### 도심도로 가로막아 '물금의 DMZ' 연상

물금 신도시 건설 당시 지주들이 받은 보상가는 평당 10만~12만 원에 불과했다. 신도시가 양산 발전의 전환점이 될 거라는 말에, 부산대 병원과 치 · 의대, 공대工大 등이 신도시를 살릴 동력이라는 기대로, 농민들은 대대로 물려받은 옥토를 '땅값'이 아닌 '똥값'에 내주었다.

신도시의 성공과 부산대 유치를 위해 발 벗고 뛰었던 입장에서 돌이켜 볼 때, 지금은 그분들에게 죄인이 된 듯 송구한 마음을 감출 수 없다. 나는 IMF 사태로 토목공사가 중단됐던 당시 '물금신도시 정상화 추진위원회 부위원장을 맡아 LH의 공사재개를 요구하며 시민들과 함께 시위까지 벌였었다.

신도시 한 가운데 위치한 거대한 황무지는, 시민들과의 약속위반일 뿐 아니라 도시발전이나 미관에도 흉물스럽기 그지없다.

도시발전의 동력은 고사하고 걸림돌로 방치돼 있는 것이다. 신도시 개발 20년이 넘도록, 주인인 부산대학은 물론 양산시도 말이 없으니 참으로 답답한 노릇이다.

심지어 시민불편 해소를 위한 최소한의 성의조차 보여주지 않고 있다. 구도심 쪽에서 물금신도시 도심도로인 삽량로로 진입하면 얼마 못가 부산대병원 단지에 가로막힌다. 좌회전 우회전, 혹은 우회전 좌회전 식으로 빙 둘러가지 않으면, 물금역이나 읍사무소, 가촌리 증산리 등의 방향으로 갈 방법이 없다. 흡사 남북한 사이를 가로막고 있는 DMZ를 연상시킨다. 양산시민들이 뜻을 모아 '모시고 온' 대학이라고 해서, 시민들에게 갑질이나 하는 상전上典 행세에 입맛이 씁쓸하기만 하다.

양산은 이제 37만 시민, 전 대통령과 두 명의 국회의원을 보유한 도시로 성장했다. 굳이 그 사실을 들지 않더라도, 양산시와 부산대 측이 병원부지 통과도로 개설 협의를 통해 시민불편을 줄여주는 것이 도리가 아닌가 한다.

## 유치공로 내세우며 "조속 개발" 헛공약 20년째

문재인 대통령이 취임한 2017년, 양산시는 대통령 공약인 '동남권(부 · 울 · 경) 의생명 특화단지' 유치 계획을 발표한 바 있다. 당시 나는 이 책에서 이 계획을 시민들을 홀리는 '착시효과'로 비판했다. 동남권 바이오 헬스 허브 구현을 '비전'으로, 중개연구 기반의 바이오 헬스 혁신 클러스터 구축을 '목표'로 하는 동남권 의생명 특화단지 기본 계획이다. 이를 위해 양산시는 부산대, 부산대 병원, 부산대 치과병원, 부산대 한방병원 등 '4개 기관'과 MOU(양해각서)도 체결했다.

시는 6대 추진 전략으로 ▷바이오 헬스 특화 R&D 산업화 센터 구축 ▷융 · 복합 연구 인프라 확충 ▷국가 주도 바이오 헬스 연구기관 유치 ▷기업지원 시스템 구축 ▷국제 전문인력 양성 체계 마련 ▷바이오 헬스 도시환경 조성 등을 제시했다. 목표기간은 오는 2028년까지 10년간이다.

이 중 핵심인 바이오 헬스 특화 연구개발 산업화 센터는 ▷저온 플라즈마 기반 바이오 헬스 연구센터 ▷심부전 치료 신개념 혁신 의료기기 개발센터 ▷천연물 식의약품 진흥센터 ▷디지털 융합 재생 치의학 산업화 센터 ▷자가발전 라이프 가드 나노칩 연구개발 센터 등으로 구성할 계획이라고 한다.

계획은 또 부산대 양산캠퍼스의 양 · 한방 병원과 치과병원, 의생

부산대 부지내 도로를 개방하지 않아 신도시 주민들의 불편이 크다

명 R&D센터 등 연구기관, 관련 기업체를 망라해 바이오 헬스 클러스터를 구축하기로 했다. 이 클러스터를 통해 대학이나 연구소 등에서 의료기기나 신약을 개발하면 이를 대학병원 임상센터에서 실험한 후 기업체에서 생산하는 방식의 원스톱 시스템을 형성하는 것으로 돼 있다.

그러나 영어단어를 죽 나열해 거창하게 느껴질지는 몰라도, 구체적인 실현 가능성이나 실행계획 등 피부에 와 닿는 내용이 없었다. 발표문에서 눈에 띄는 것은 '비전' '계획' '목표' 등의 낱말이다. '이렇게 됐으면 좋겠다.' '이렇게 해보고 싶다'라는 뜻이다. '희망사항'을 길게 풀어 쓴 것에 불과하다.

양산시아 양해가서를 체결한 '4개 기관'도 부산대 부속기관들의 이름을 늘어놓아 모양새만 꾸민 느낌이 강했다. 공대가 빠진 상태에서는 '앙꼬 없는 찐빵'이나 탁상공론에 그칠 가능성이 높다는 말이다. '바이오 헬스' 'R&D 산업화' '융·복합' '디지털 융합' 등은 모두 의료

기술과 과학의 만남을 통해 이루어지기 때문이다. 약속했던 공대 이전 대신 새삼 '국가 주도 바이오 헬스 연구기관'을 유치하겠다는 조항만 봐도, 계획의 토대가 얼마나 궁색한지를 스스로 실토하는 것이나 다름없다. 법적 구속력도 없는 MOU 체결이나 알맹이 없는 기본계획 발표는, 결국 지방선거를 앞둔 정치적 제스처로 오해를 사기에 충분했다.

처음 있는 일도 아니다. 신도시 조성 당시 크고 작은 선출직을 지낸 후보들은, 선거 때면 으레 자신이 부산대 유치의 공로자라고 주장해 왔다. 시간이 흘러 공대 부지가 황무지로 변하자 그때는 "내게 맡겨주면 빈 땅을 조속히 개발하겠다."고 공약했다. 그런데 20년이 넘도록 달라진 것은 아무 것도 없다. 약속이 중요한 것이 아니라, 실현을 위한 노력과 능력이 절실한 것이다.

## 공대 이전 약속 지키든지, 아니면 양산에 반환해야

정부의 장기 미집행 도시계획시설 해제 제도를 준용하면, 해답이 없는 것도 아니다. 지난 2016년 10월, 국토교통부는 공원, 유원지, 도로, 녹지 등 시설계획 결정 후 10년이 지나도 사업을 추진하지 않은 땅은 그 주인이 해당 도시계획 취소를 요구(2017. 1. 1.부터 시행)할 수 있도록 했다. 2020년 7월부터는 지주의 요구가 없어도 장기 미집행 계획이 자동으로 해제되는 '일몰제'를 시행한다. 매매, 건축, 형질변경 등에서 국민의 재산권 피해를 개선하기 위한 조치이다.

이 법의 취지를 감안할 때, 부산대가 분양받은 '교육용지'를 공대 이전이라는 당초의 목적대로 사용하지 않을 거라면 원래 주인이었던 시민들에게 돌려주어야 마땅하다. 국립대학이 순박한 농민들이 애향심으로 내놓은 땅을 도심 흉물로 방치했다가, 훗날 시세차익만 쓸어 담는 땅장사로 전락하해서는 안된다.

경우는 다르지만, 주민 대학이 불만을 불러오는 비슷한 사례도 보았다. 지난달, 창원대학교에서 열린 송순호 마산회원구 지역위원장의 〈미치도록 창원을 바꾸고 싶다〉 출판기념회 참석차 오랜만에 창원으로 향하는 길이었다. 진해 방향 자동차 전용도로에서 창원쪽 진출입로를 따라 나가자, 차는 저절로 행사장이 있는 창원대학교 캠퍼스로 접어들었다. 그때, 동승했던 지인이 이곳에도 물금 부산대 부지와 '다르면서 같은' 사례가 있다고 말했다. 김해에 거주하지만 물금의 사정을 잘 알고 있는 후배이다.

김해-창원을 연결하는 비음산터널이 20년째 제자리걸음이라고 했다. 연장 8km가 채 안 되는 터널 하나면 두 도시는 10분 만에 오갈 수 있게 된다. 민자업체의 사업제안서, 김해시와 경남도의 MOU 체결 등 사업성사가 눈앞인 듯했던 적도 있지만 창원시의 반대로 무산되곤 했다는 것이다. 터널의 창원시쪽 진출입구가 창원대와 맞닿아 학생들의 안전과 교통정체가 우려된다는 명분이지만 사실은 창원시의 인구유출 우려 때문이라는 게 그 후배의 분석이었다.

지방소멸이 성큼성큼 현실로 다가오고 있는 시대이다. 광주 · 전남, 충남 · 대전, 부 · 울 · 경 등의 행정통합 논의도, 그를 통한 성장동력 확보로 지방소멸을 막겠다는 절박함에 기인하고 있다. 지방대들의 상황도 별반 다르지 않다. "벚꽃 피는 순서대로 문을 닫을 것"이라는 비관적인 전망에, 대학들이 캠퍼스의 벚나무들을 잘라낸다는 서글픈 우스개까지 나오는 현실이다. 살아남기 위한 합종연횡에, 대학간 통합 추진도 활발하다. 정부에서도 '글로컬 대학' 정책으로 힘을 보태고 있다. 글로벌Global과 로컬Local의 합성어로, 이에 선정되면 5년에 걸쳐 약 1천억 원을 지원한다. 학령인구 감소와 지역 격차 등 위기에 대응해 세계화와 지역화를 결합, 대학과 지역·산업 간 벽을 허물고 우수 인재를 육성해 글로벌 수준의 동반성장을 이루자는 취지이다. 지역정서나 산업경제분야의 벽은 고사하고, 이미 잘 닦아놓은 도로마저 '불통不通'을 고집한다면, 로컬Local 기반 없는 글로벌Global도 꿈꾸기 어렵지 않을까.

그렇다고 부산대만 탓해서도 안 된다. 신도시 착공 30년, 완전 준공 10년이 되도록 이 문제를 해결하지 못한 양산시와 지역 지도자들도 책임이 크다. 그저 '강력한 반대 때문에'라고 손을 놓고 있다면, 기대와 믿음으로 표를 모아 준 시민들에게 허무감만 돌려주는 결과가 될 것이다.

## 양산의 '아픈 손가락' 부산대 부지, '엄지손가락'으로

### 방치된 금싸라기, 환매협상의 첫 단추는 끼웠지만….

물금은 여러모로 참 각별한 지역이다. 태어나 자란 고향이고, 언젠가 뼈를 묻을 곳이기도 하다. 하지만 이런 개인사를 떠나, 시의원 시절의 부산대 유치활동, 도의원 시절 진행된 신도시 조성사업과 부산대 어린이병원 건립 성사 등 과정 과정마다 그 시절의 땀이 서려 있기 때문이다.

더불어서, 굳이 '아픈 손가락'이라 여기는 데에도 이유가 있다. 혼신의 노력을 다했던 대학병원 유치 결과가, 기대했던 만큼 성과를 내지 못한 탓이다.

당초 부산대 유치계획은 의과대학과 공과대학을 패키지로 옮겨오는 것이었다. 하지만 공과대학은 결국 부산 캠퍼스에 남고 말았다. 학교 주변 장전동과 금정구 일대 상권, 넓게는 부산시민들의 부산대 역외이전에 대한 반대여론이 거셌던 것이다.

문제는, 부산대 이전을 환영하며 대대로 가꾸어 온 문전옥답을 흔쾌히 내놓았던 물금 농민들의 배신감이었다. 심지어 일반 주민들도 '부산대 유치추진위원회'를 만들어 활동하면서 3억 원이 넘는 성금을 모아 땅값에 보태기도 했다. 결국 반쪽짜리 이전에 땅만 빼앗긴 형국이었고, 신도시 주민들의 분노도 컸다. 대규모 대학을 품은 수

양산 부산대 부지

준 높은 신도시를 기대했던 입주민들에게 닥친 것은 환경피해였다. 당초 공대가 입주하기로 했던 20만 평 가까운 땅이 방치되면서, 1년 내내 모래바람이 아파트를 뒤덮고, 여름이면 온갖 해충이 들끓었다.

나는 8년 전 첫 책을 펴내면서 "부산대병원, 약속을 지키든지 땅을 내놓든지"라고 일갈한 바 있다. 하지만 땅을 내놓으라고 계속 외치기에는 그사이 또 세월이 많이 흘렀다. 이전하는 과정에서 본의 아니게 약속을 어겼던 부산대 관계자들은 모두 퇴직해 당시 사정을 아는 이도 없고 책임을 느낄 사람은 더더욱 없다.

더구나 양산시나 주민들이 '환수 투쟁'에 나서려 해도, 사실상 싸움의 상대가 없다는 점 역시 난관이었다. 부산대가 국립이다 보니 교육부 혹은 중앙정부가 주인인 셈이어서, 지역 여론이 아무리 고조되어도 '메아리 없는 아우성'에 그치곤 했다. 이는 지난 20여 년간 선출직 공직자들이 앞다투어 문제 해결을 공약하고 당선 이후에는 그다지 부담감을 안 가져도 되는 핑곗거리가 되었다.

오히려 물금신도시를 개발한 LH가 나서서, 조성원가의 1/10 수준에 특별 분양할 당시 교육 · 연구용지로 못 박은 계약조항을 들어 환매를 추진하기도 했지만 이 역시 양측의 엄청난 의견차로 무위에 그치곤 했다. LH는 2002년 당시의 분양가에 이자를 더한 액수를 제시했고, 부산대는 현재 지가를 전제로 한 감정가를 요구해 차이가 너무 컸다.

다행히 지난해 LH와 부산대 간 1차 적인 합의가 이루어지면서 큰 산 하나는 넘은 듯하지만, 실제로는 아직 한 걸음도 나아가지 못한 상황이다. 합의 내용은 유휴부지 54만여 ㎡ 가운데 적정면적을 LH가 환매하고 나머지는 부산대가 활용하는 방안으로 알려진다.

그나마 이 정도의 변화라도 끌어낸 단초는 정부의 '공간혁신구역 선도사업' 후보지 선정이었다. 국토교통부는 2024년 7월 '국토의 계획 및 이용에 관한 법률' 변화(2024. 2. 6. 개정, 8. 7 시행)에 따라 공간혁신구역의 선도적 적용사례 발굴을 위한 후보지 16곳을 선정 발표했다. 이 사업은 허용되는 건축물의 용도와 건폐율, 용적률 등의 규제를 완화해 도심의 성장거점을 조성하는 내용으로, 후보지는 서울 양재역 등 인구 밀집 및 산업 · 경제활동 중심지로 성장이 예상되는 교통거점 6곳, 부산 금사산업혁신지역 등 기반시설 복합활용 혹은 민간의 창의적 개발을 유도할 수 있는 지역 4곳, 그리고 양산 부산대 유휴부지 등 새로운 기능 조성이니 기존시설 이전이 요구되는 6곳 등이다. 다만 이후로 LH-부산대 사이에 분할 면적과 환매가격 등에 대한 후속 협의가 제대로 진척되지 않는다는 소식에, 주민들은 또 한 번 실망감을 안아야 했다.

또, 이같은 사실이 우리 현지現地의 양부대나 양산시 발표가 아니라 경남도의회 도정질문 답변 과정에 확인된 점은 시민들에게 더 큰 실망을 주었다. 지난해(2025년) 11월 27일 경남도의회 정례회 제4차 본회의 도정질문 답변에 나선 신종우 경남도 도시주택국장(당시)은 "LH가 환매 방식으로 일부 토지를 매입하고 나머지 토지는 부산대가 자유롭게 계획해서 활용할 수 있도록 토지 매매 계약 변경을 하자는데 기본 합의를 했다."면서, "부지 면적(분할 비율)과 세부적인 내용은 지속 협의 중"이라고 밝혔던 것이다('국제신문' 등 보도). 어쨌든, 이미 감사원에 컨설팅을 의뢰, 올해 상반기에 나올 예정인 조정안을 쌍방이 수용하기로 했다니, 부산대가 '부동산 장사'로 전락하지 않을 필수 소요 면적만 제외한 나머지 면적을 내놓아 37만 양산시민의 기대에 부응해 주기를 기대할 뿐이다.

## 유휴부지 개발, 이제 핵심은 AI다

부산대 유휴부지 개발은 2002년 대학병원 이전 후 역대 양산시 집행부의 최대 과제이자 난제였다. 해결책을 두고 경남도부터 시 집행부, 의회, 시민사회까지 모두가 나서서 백가쟁명으로 묘안을 내놓았지만, 환매가 이루어지지 않는 한 '남의 땅'에 청사진을 그리는 격이었다.

그래도 개발 구상의 방향성만은 한곳으로 모였다. 바이오Bio · 신약 개발, 첨단 의료기기 개발, 이에 필요한 인적 물적 인프라가 집적集積된 의료 R&D의 허브Hub 기능을 갖추어야 한다는 목소리였다. 정부가 집중 지원하는 첨단의료복합단지는 이같은 바람에 특히 부합해, 기회 있을 때마다 모두가 목을 빼고 바라보는 목표가 됐다.

지난해에는 경남테크노파크가 나서서 '경남 첨단의료복합단지 조성계획 수립 연구용역'을 발주(용역비 약 1억2천, 사업기간 7개월)하는 등 시민들에게 희망적인 신호를 보냈다.

이에 앞서 정부는 첨단의료복합단지 진단 · 평가를 통한 추가지정 필요성 연구에 들어가 기대감을 키웠다. 지난 연말 용역 결과를 납품받은 복지부가 다음날로 '첨단의료복합단지 정책연구' 공청회를 여는 등 추가지정에 속도가 붙는 것처럼 보였다.

그러나 일련의 희망적인 메시지가 우리 양산에 곧바로 도달할 것 같지는 않다. 정부가 대구와 오송 두 곳인 첨단의료복합단지를 추가 지정하기로 한 배경에는 특화단지 간 바이오산업 밸류체인 연계 강화라는 정책적 필요성이 자리 잡고 있기 때문이다.

더욱이 정부는 이미 ▲인천 경기 · 시흥(세계 최대 바이오의약품 배양설비 증설) ▲경북 안동 · 포항(백신 전주기 밸류체인 구축) ▲강원 춘천 · 홍천(AI, 디지털 헬스 실증 특화) ▲대전 유성(혁신 신약 오픈 이노베이션 거점) ▲전남 화순(국가 백신 거점, 글로벌 백신 허브) 등 5개 지역을 국가 바이오 첨단전략 특화단지로 선제 지정해 둔 상태이다.

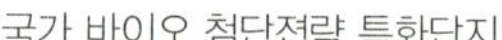
국가 바이오 첨단전략 특화단지

신규 단지 지정 평가는 ▲산업 집적도 ▲연구 임상 · 제조 인프라 ▲전문인력 수급 ▲지역 주력산업과의 연계성 등 4개 항목을 기준으로 제시했다. 거기다 민간투자 규모, 확보 가능 부지, 참여 대학병원 수 등을 '가점 요소'로 삼았다. 국내 의료기기 생산 최대 클러스터인 강원 원주는 '국내 생산의 26%(1위), 3백 개 기업, 종사자(1만 명) 등 압도적 규모를 내세워 경쟁에서 다른 지역에 앞서 달리고 있다. 전남 화순은 백신 원료부터 완제까지 일괄 생산시스템을 갖춘 것을 강점으로 내세운다.

그런데, 세계 1위 바이오 메가 클러스터를 구축한 인천시는 이 경쟁에서 일단 한 걸음 물러선 것으로 알려진다. 보건복지부가 지난해 10월 발표한 '첨단 의료복합단지 종합계획(2025~2029)'에 추가지정 계획이 담기지 않았다는 이유에서라고 한다.

사실, 정부는 추가지정 시기에 대해서는 어떤 발표도 한 바 없다. 복지부가 종합계획에도 담기지 않은 추가지정 문제에 연구용역을 실시하고 정책연구 공청회를 여는 것은 일의 순서가 뒤바뀐 것처럼 보인다. 그러나 이를 중장기 계획을 염두에 둔 사전준비라고 보면, "미리부터 힘을 뺄 필요가 없다."는 인천시의 판단이 현명한 대처일 수도 있어 보인다. 특히 외견상 우리 양산의 여건은 복지부의 주된 평가 기준도 아닌 가점 요소 항목의 '확보 가능 부지' 외에는 특별한 강점이 눈에 띄지 않는 것이 사실이다.

게다가, 만시지탄이지만 결자해지의 입장에서 유휴부지 환매에 나선 LH의 구상은 첨단 복합단지 추가지정 기대와는 결이 조금 다르게 느껴진다. 부산대와 공동으로 주거단지, 첨단산업단지, 업무단지 등을 개발하고, 남은 부지에 수의과대학, 기초과학연구원, 의생명융합연구원, 문화예술의 전당, 시민공원, 생활체육시설, 문화시설 등을 설치하는 것이 골자로 전해지고 있다.

양산대부지 개발계획도

부산대 유휴부지 개발은 이제 더 이상 막연히 정부의 선처에 기대어 지원 기회를 기다려서는 안 된다. 20년이 넘는 세월, 양산시민들은 참을 만큼 참았고 기다릴 만큼 기다렸다. 확실한 계획 아래 조속히 사업을 가시화해 불확실성을 없애야 한다. 분명한 점은, 계획이 '빈 땅'을 채우기 위한 방안으로만 연구되어서는 안 된다는 점이다. 제안하자면, 첨단산업단지, 의생명 융합연구 등 어떤 분야라도, AI를 계획의 중심에 두고 진행했으면 좋겠다.

요즘 대학병원 응급실 근무자들은 당직 근무 때 AI인 챗 GPT부터 켠다고 한다. 지난 2월 19일자 '한국일보'는 비수도권 종합병원에 근무하는 공중보건의 A씨의 경우를 보도했다. 야간이나 공휴일 응급실 당직 근무 때는 종종 챗 GPT 유료 모델을 켠다는 내용이다. 다른 과 전문의나 상급자 없이 혼자 근무하는 상황에서 전공 분야가 아닌 환자가 오면 상황 판단이 쉽지 않아서라고 한다. A씨는 "환자의 증상에 따라 입원 여부를 결정해야 할 때 챗 GPT에 원칙적 기준을 재차 확인해 본다."고 밝히고 있다. 그가 아니라도 국내 의사 2명 중 1명은 질환 진단 · 검사 결과 분석 등 실제 의료 업무에 AI를 사용하고 있는 것으로 조사되었다.

그러나 상당수 의사들은 오진 등 문제가 생겼을 때의 책임 소재, 환자에게 AI 활용 사실을 어디까지 알려야 하는지 등 불명확한 요소와 불안감을 호소하고 있는 것도 현실이다. 방대한 임상 데이터를 수집 분석한 빅 데이터를 구축해 진단의 정확도를 높이고, 인체 내의 장기나 혈관 속을 탐사하며 병소病所을 찾아내 진단하는 마이크로 로봇 등 AI와 접목 가능한 소프트웨어 하드웨어 연구는 확장성이 무궁무진할 것으로 보인다.

특히 현재 의료분야 AI 관련 연구 집적지는 앞서 말한 5개 국가첨단전략 특화단지 가운데 강원도 춘천 · 홍천이 유일하다. 우리 양산이 이를 주력 분야로 채택하면, 동남권 전역을 아우르는 AI 연구 생태계를 가장 먼저 조성할 수 있게 된다. 이는 자연스럽게 의료산업 첨단영역의 선점 효과로 이어질 것이다. 말하자면 아직 실체도 없는 첨단 의료복합단지 추가지정에만 목을 달아매 주민들을 다시 '희망고문'에 몰아넣기보다, AI를 통한 우리 양산만의 새로운 길을 여는 것이 어떨까.

# 북극 항로가 열린다, 양산이 열린다

## 길 잃었다가 제자리로 돌아온 부 · 울 · 경 통합

혼돈의 1년이 지나가고 있다. 어처구니없는 계엄내란 청산과정이 어느 정도 진행되면서, 새삼 부 · 울 · 경 통합이 관심을 모으고 있다. 그러나 어찌 보면 말 그대로 새삼스런 일이기도 하다. 문재인 정부 당시 활발하게 추진되다 윤석열 정부 들어 논의가 중단되었던 일이니, 흔한 표현대로 '비정상의 정상화' 정도로 보아도 무방할 것이다. 물론 지금도 부 · 울 · 경 통합 추진이 분명하게 되살아났거나 구체적인 논의가 진행되고 있는 것은 아니다.

지난 시간을 잠시 돌아보자. 부 · 울 · 통합을 처음 추진했을 당시, 부산(오거돈 시장), 울산(송철호 시장), 경남(김경수 지사)은 모두 민주당 소속 단체장이 수장을 맡고 있었고 문재인 정부 때였으니, 계획은 물 흐르듯 진행되었다. 2018년 6월 공동협력기구 설치 합의, 2020년 부울경 발전계획 수립을 위한 연구용역, 다음 해 합동추진단 설치, 2022년 5월 특별연합 규약안이 3개 시도 의회를 통과하고 행안부 승인을 받아 특별지방자치단체로 출범에 이르렀다.

그러나 2022년 3월 9일 윤석열 대통령 당선이 부 · 울 · 경 통합 백지화의 신호탄이었다. 불과 2개월여 후에 개최된 제8회 지방선거에서 3개 시 · 도 단체장을 국민의 힘이 독식하면서 분위기가 급변한

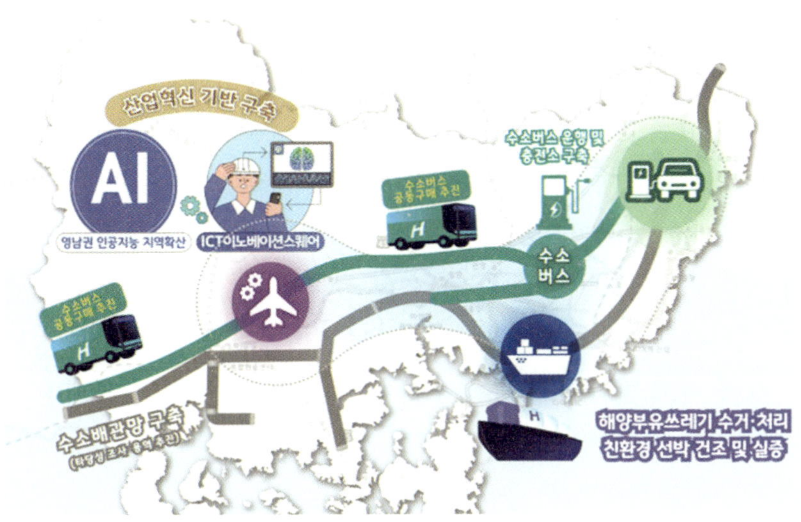


부울경 경제동맹 구상도(출처 : 경남도)

다. 특히 울산(시장 김두겸)과 경남(도지사 박완수)이 통합에 부정적이었다.

"울산은 지역내 총생산(GRDP)이 전국 1위 도시로, 부산 · 경남과 통합으로 얻을 실익이 없다. 오히려 부산 경남에 종속될 가능성이 크다."(울산)

"수도권 집중화 대응을 위해 통합은 필요하지만 부산 쏠림 현상과 진주, 남해 등 서부 경남이 더욱 소외된다."(경남)

결국 울 · 경 단체장이 재검토를 거쳐 2022년 10월경 메가시티 추진 백지화를 선언했고, 박형준 부산시장이 나서서 그 대안으로 부 · 울 · 경 초광역 경제동맹을 결성했다.

수도권 집중화로 인한 지역 불균형과 위기를 극복하고 초광역 협력을 통해 공동의 발전을 추구한다는 취지로 정책협의회(공동의장 각

시 · 도지사), 조정회의(공동의장 각 시 · 도 기획조정실장), 실무협의회(분야별 각 시 · 도 국, 과 단위 자율 구성) 등 기구를 구성하고 ▷초광역권 산업육성 ▷초광역인프라구축 ▷시 · 도민 삶의 질 향상 등 3대 분야 12개 핵심 과제를 추진하기로 했다. 그러나 지난해 사업계획을 분석 보도한 '국제신문'(2026. 2. 15)에 따르면, 청사진만 화려했을 뿐 실상은 중앙정부의 처분만 바라보는 '천수답 국비' 구조에 갇혀 있는 것으로 드러났다. 재원확보 방안은 없이 국비 확보에만 매몰된 협력 체계가, 정부의 정책 기조 변화나 예산 삭감 한 번에 무너질 수 있는 '모래성'에 다름없더라는 것이다. 신문은 '충청 광역연합 특별회계 설치 조례'를 제정해 안정적 사무 추진 기반을 닦은 충청권(충남 · 충북 · 대전 · 세종)과 극명하게 대비된다고 지적했다. 지난해 전체 투자 계획 7,411억 원 중 지방비는 941억 원(12%)에 그쳤고, 나머지는 민간투자(3,793억 원) 국비(2, 676억 원)가 차지했다. 지방비만 투입되는 사업은 '건강하고 지속 가능한 부울경 먹거리 확보' 예산뿐으로, 겨우 6,200만 원이었다. '가덕도신공항 접근 교통망 확충'에는 예산이 아예 한 푼도 책정되지 않았다. 민간투자나 국비 사업도 세 광역지자체가 공동으로 유치한 게 아니라 각자 따로 유치해 '부울경' 이름으로 포장한 게 절대다수였다.

'경제동맹'이 행정통합을 막기 위한 명분용 사업이었다는 의심을 지우기 어렵다. 최근 부산 경남은 행정통합을 추진하는 등 변화를 보였지만, 시 · 도지사 공동으로 2028년 통합단체장을 선출하겠다는 로드맵을 발표했다. 김부겸 울산시장 역시 "부 · 울 · 경 통합을 환영한다."면서도 '2028년 안성'과 국세와 지방세 비율을 최소 6대 4 수준으로 개선해 연 7조 7000억 원 이상의 재원을 항구적으로 확보하는 재정 분권과, 지역산업육성과 지역개발권 등 완전한 지방분권 · 자치권 보장, 부산과 경남이 요구한 특별법 수용 및 울산 시민

50% 이상 찬성 등 다양한 전제조건을 내세워, 박형준 시장, 박완수 도지사와 한목소리를 내고 있다. 통합 불발시 책임을 돌리기 위한 포석으로 풀이될 정도이다. 반대로, 그만큼 부울경 통합에 대한 압박감을 느낀다는 반증으로도 읽힌다.

## 앉아 있다가는 늦는다, 미리 준비하자

우리 양산에도 3개 시도 통합을 기정사실로 받아들이는 분위기가 조성되면서, '부 · 울 · 경 중심도시 양산'이라는 말이 지역의 자긍심을 상징하는 슬로건처럼 회자되고 있다. 나 역시 즐겨 쓰고 있고,

틀린 말은 아니다. 양산은 부 · 울 · 경을 모두 접한 유일한 도시이고 위치 또한 그 한가운데를 차지해, 교통, 문화, 행정 등 모든 면에서 3개 시도를 유기적으로 연결할 수 있는 허브도시이다. 원도심은 메가시티의 통합행정청사 자리로 최적의 평가를 받기도 한다.

그러나, 한편으로 이는 너무 안일한 생각이 아닌가 걱정된다. 최적의 입지조건이 최적의 역할을 저절로 보장하는 것은 아니기 때문이다. 인접 대도시 사이를 연결하는 뛰어난 도로여건은, 자칫 빨대효과Straw Effect로 인한 인구 및 지역 자금의 역외유출 우려를 사기도 한다. 가만히 앉아 있다가는, 부울경 통합이 축복이 아니라 재앙이 될 수도 있다는 것이다.

문제는 양산의 정주여건이다, 사통팔달하는 교통망을 타고 통과하는 도시가 아니라 '살고 싶은 양산'이 되기 위해서는, 주거환경은 물론 복지, 문화 등 다양한 분야에서 시민 욕구를 충족시킬 수 있어야 한다.

그중에서도 특히 중요한 것이 경제 기반이다. 우수한 기업, 좋은 일자리가 넘쳐나면 젊은 인재들이 찾아올 것이고, 소득과 보육 교육 지원이 높아지면 결혼 출산도 저절로 장려될 것이다. 부 · 울 · 경 통합이 이루어져 그 효과가 발생하기를 기다릴 것이 아니라, 통합 이후 필요한 요소들을 미리 준비하거나, 통합으로 발생할 효과를 선점해 가는 것이 필요하다는 뜻이다.

사실 부·울·경 통합은 아직 아무것도 구체화 되지 않은 상태다. 지난해 7월 부산을 찾은 이재명 대통령은 지방발전전략을 논의하던 중 "부 · 울 · 경 행정통합을 빠르게 진행해 보자."고 당부했다. 당시는 울산을 제외하고 박형준 시장의 부산과 박완수 지사의 경남이 행정통합을 논의하던 시기여서, 이 자리에 배석한 김경수 지방화시대 위원장(당시)은 "선 협력 후 통합"이라는 절차를 강조했다. 정부의 '밀어붙이기'라는 반발이 나올 것을 우려한 발언으로 보였다.

그러나 문재인 정부의 부 · 울 · 경 메가시티 추진 때 김 위원장이 경남지사였고 이재명 정부에서 대통령 직속 지방화시대 위원장을 맡았다는 점에서, 이번 부 · 울 · 경 통합도 당시 구상이 토대가 됐으리라 충분히 짐작할 수 있다. 말하자면, 문재인 정부 부 · 울 · 경 메가시티 계획에 그동안의 상황변화를 반영하지 않았겠느냐고 보는 것이다.

## 북극항로, 유엔 물류센터 그리고 양산

당시 계획에서 특히 관심을 모은 분야는 통합행정기구 청사와 동북아 스마트 물류 플랫폼을 어느 지역이 유치하느냐였다. 인근 김해는 물류플랫폼 유치에 총력을 쏟았다. 우리 양산은 당연히 통합청사

위치에 관심을 가졌다. 행정통합이 사실상 물건너 가면서 통합청사 논의도 중단됐지만, 김해의 경우는 달랐다. 물류 플랫폼에 대한 지속적 노력으로, 사업 유치에도 가까이 다가갔지만, 이미 물류산업의 지형을 바꾸어 놓고 있다. 사이언스 파크 산업단지, 신천 일반산업단지, 대동 첨단산업단지 등을 조성해 10여개의 대형 물류기업들이 입주해 있다.

동북아 스마트 물류 플랫폼 건설은, 사실은 행정통합과는 별개의 사업이다. 2019년 국토부의 제5차 국토종합개발계획에 포함된 내용으로, 시기적으로 부 · 울 · 경 메가시티 추진과 연계 추진하기 시작했다. 하지만 김해시는 부 · 울 · 경 메가시티가 무산된 이후에도 수차례의 연구용역과 세미나 개최등을 통해 논의를 주도하면서 경쟁지역들을 따돌리고 있다. 올해 상반기 중으로 타당성 검토 · 기본계획 수립 용역까지 발주한 상태다.

나는 기업 경영과정에서 평소에도 "일을 주면 잘하겠다."는 업체와 일할 수 있는 준비와 능력을 먼저 보여주는 업체는 과연 어느 쪽이 성공하겠는냐는 말을 자주 한다. 양산이 최적지이니 역할을 달라고 요구하기 전에, 그 역할을 잘 해낼 수 있는 여건을 만들어 실증實證하는 것이 최선이라는 말이다.

아직 늦지  않았다. 특히 그동안의 상황변화 가운데 주목할 부분이, 북극항로 시대가 다가오고 있다는 점이다. 기후 온난화 영향으로 북극해의 빙하가 녹으면서, 그동안 꿈에 그쳤던 북극항로 개척에 대한 관심이 높아지고 있다.

북극항로가 열리게 되면, 부산항은 위상이 지금과 비교 불가능할 정도로 높아진다. 지금도 싱가포르, 상하이, 닝보-저우산항에 이어 세계 4위 항만이지만 컨테이너 환적물량은 이보다 낮은 7위에 머물고 있다고 한다. 지원시설, 배후 도시 등 기능면에서 경쟁력 우위를 점하지 못한 탓이다. 북극항로 기준으로는 싱가폴과 중국 항만들보다 훨씬 유리한 위치를 점하게 될 부산항의 배후 기지 확충이 더욱 절실해지는 것이다.

그 최적지가 우리 양산에 있다. 바로 물금 ICD(INLAND CONTAINER DEPOT, 내륙 컨테이너 기지)와 주변 지역이다. 물금 ICD는 진작부터 이재영 민주연구원장이 유엔국제물류센터(UNHRD) 유치를 추진해 온 곳이기도 하다. 지난 대선과정에서 이재명 후보(당시)가 공약해, 국정과제로 선정된 바 있다. 유엔 물류센터는 국제적 재난시 신속한 구호활동을 지원하는 핵심 거점이다. 현재 이탈리아 등 전 세계에 5곳이 있으나 동북아에는 아직 설치되지 않았다.

유엔군 사령부가 대한민국에 있다는 점에서, 물류센터 유치 가능성과 함께 다른 국가에 위치한 물류센터보다 훨씬 비중 큰 역할을 기대할 수 있다. 1950년 한국전쟁 참전 과정에 창설된 유엔군은 일본 도쿄에 사령부를 두었다가 1957년 서울로 이전했다. 1978년 한미연합사령부 창설로 업무 상당 부분을 넘겼으나 아직도 정전협정에 따른 군사정전위원회의 가동, 중립국 감독위원회 운영, 판문점 공동경비구역(JSA) 관할 경비부대 파견 및 운영, 비무장지대(DMZ) 내 경계초소 운영, 북한과의 장성급 회담 등 주요 기능을 담당하고 있다.

또, 미국이 주축을 이루기는 하지만 호주, 캐나다, 프랑스, 노르웨이, 태국, 영국 등 한국전쟁 당시 유엔군으로 참전하였던 국가들이 참여하고 있다. 물금에 물류기지가 건설되면 현재 일본의 오키나와 미군기지를 경유하는 유엔 군수물자 수송을 맡게 될 가능성도 충분한 것이다.

유엔 물류단지 유치와 더불어, 차제에 부산항 배후기지를 담당할 스마트 물류도시를 건설한다면 더 큰 시너지 효과를 발휘할 수 있지 않을까 하는 생각이다.

김해시의 경우를 보더라도, 기본구상에 화목동 일대 총면적 14㎢ 내에 전자상거래 유통물류단지, 국제물류단지(물류 부문), RE100 산단, 식품유통가공단지, 도시첨단산업단지(산업분야) 등을 조성하고, 드론 배송 등 특화된 운송 시스템이나 AI를 접목한 미래형 물류 관리 소프트웨어 등 연구개발(R&D) 시설, 복합 컨벤션센터, 주거시설 등도 건설하는 내용이 들어있다. 그저 컨테이너를 싣고 내리는 하치장이나 '운송 시설'이 아니라 지능형 자족도시를 지향하고 있다.

원래 동북아 물류 플랫폼은 남북통일을 바라보고 부산-서울-북한-중국을 거쳐 유라시아 철도를 잇는, 원대하고 '장구長久한'계획이었다. 세계의 해상물류는 18세기 해양강국 영국과 식민지 인도를 오가는 '희망봉 항로'에서 발전을 시작해 19세기 석유수송이 활발해지면서 수에즈 운하(1869)가 열렸다. 덕분에 이 '석유 항로'는 운항시간을 종전 50일에서 1주일 가량 단축할 수 있었다고 한다. 21세기는 해운은 '가스 항로'가 될 것으로 예견되었다.

북극 항로가 열리는 시기는 2035년 이후로 예상되어 왔는데, 갈수록 앞당겨지고 있다. 중국은 지난해 9월 "빙상 실크로드Polar Silk Road' 프로젝트를 본격 가동, 닝보-저우산항을 출발한 컨테이너선 '이스탄불 브리지'호가 북극항로를 거쳐 20일만에 영국 펠릭스토우항에 도착했다고 발표했다. 종전 소요기간의 절반을 단축한 성과였다. 중국보다 북극항로에 더 가까이 위치한 우리나라는 지리적으로도 더 유리하다. 세계 최고의 조선 기술, 특히 세계 1위 기술력으로 LNG선을 만들고 있다. 쇄빙선도 마찬가지다. 2009년 쇄빙연구선

김해시 동북아 물류플랫폼 구상도
(출처 : 양산시)

'아라온호'를 건조해 극지 탐사와 연구 활동을 이어오고 있고, 세계 최초의 LNG 쇄빙선을 만들어냈다. 영하 50도의 혹한에도 운항이 가능하고, 앞뒤 양방향 모두 얼음을 깨며 전진하는 독보적 기술을 구현해 내었다. 이미 러시아, 유럽 확인 등에 수출된 수많은 선박이 극찬을 받고 있다. 양산이 할 일은, 우리 기술이 종횡하는 바닷길을 든든히 받쳐 주는 부산항 배후도시, 지원도시의 기능을 통해 성장동력을 키우는 일이다. 젊은이들이 "기회가 없다."고 아우성인 양산, 좌절의 도시를 청년 기회의 도시, 더 큰 양산으로 가꾸기 위해 물금 ICD를 활용하자. 아직도 여유부지가 넉넉한 물금이 양산의 힘이다.

## 가야권에서 가장 오래된 민속, 가야용신제

경남도의회 의원 시절, '가야고도 김해'가 더없이 부러웠던 적이 있다. 도의회 등원 첫해였던 2002년 말, 경남도의 새해 예산안 심사 과정에서였다. 수백억 원의 중앙예산이 김해시의 '가야유적 정비사업' 명목으로 경남도에 내려와 있었다. 중앙예산이 편성되면 '매칭matching'이라 하여 경남도 예산까지 따라가게 된다. 한마디로 김해시에 돈 보따리를 안겨주는 셈이었다. 김대중 대통령이 후보 시절 김해를 방문했다가 공약한 사업이라고 했다. 퇴임을 앞두고 마지막 편성한 예산이라기에 그 전까지 내려온 예산규모를 물어보니 "어림 잡아 3천억 이상"이라는 대답이었다.

'대통령 예산'이라는 경남도의 설득에도, 나는 격렬히 항의했다. '가야유적 정비사업'이라면, 돈이 김해도 가고 함안 · 고성 · 합천도 가고, 우리 양산에도 와야지 왜 김해에만 몰아주는 거냐고 따졌다.

도 예산 관계자는 어이없다는 표정이었다. 다른 지역은 그렇다 쳐도, 양산이 가야와 무슨 관계가 있냐는 거였다. 나는 유 아무개 문화예술국장까지 호출해 "우리 양산의 북정리 고분을 아느냐?"고 되물었다. "그게 바로 가야고분이다. 김해에는 가야시대 고총고분이 수로왕릉과 왕비릉 밖에 없지만, 우리는 북정리에만도 18기의 고분이 있다."고 강조했다.

### '가야 예산' 덕분에 빼앗아 온 가야진사 민속예산

'고총고분古冢古墳'은 봉분을 높이 쌓아 올려 언덕처럼 만든 양식이다. 김해의 대성동이나 양동리고분군은 발굴 결과 중요한 가야유물들이 많이 출토됐지만, 지하에 깊이 묻힌 평토분平土墳이라서 겉으로는 고분이란 사실을 알아보기 어렵다. 또, 솔직히 말하면 북정리고분군은 공식적으로는 신라시대 유적으로 돼 있다. 그러나 당시는 발굴조사가 이루어진지 얼마 되지 않아 도의 예산부서 공무원들은 자세한 내용을 모를 것이라고 짐작했다. 특히 1920년대 처음 발굴된 '부부총夫婦塚'은 김유신 장군의 부모 무덤으로 전해지고 있어, 일단 '억지'를 부려 본 것이다.

내친 김에 양산의 역사 강의라도 하는 양 주장을 계속했다.

"유국장, 가야를 '철의 왕국'이라고 하는데, 그 철이 어디서 났습니까? 바로 우리 양산의 물금광산이 그 본산입니다. 가야의 전성기에는 양산천을 경계로 신라와 대치해 물금읍, 원동면, 강서동은 가야에 속했던 겁니다. 내가 태어난 곳이 바로 '국계'라는 마을입니다. 신라와 가야의 나라 경계가 있던 곳이란 말입니다.

이후에 신라가 강해져 국경이 낙동강으로 이동하면서 치열한 전투를 치렀고, 그 자리인 원동면 용당리에 가야진사를 지어 지금까지 가야진 용신제를 지내고 있는데도 어찌 김해만 가야라 할 수 있습니까?"

예상대로 그 공무원은 다소 난감한 표정을 짓기 시작했다. 좀 더 구체적으로 말하자면, 그 예산은 김해시의 송은복 시장이 대통령에게 직접 건의해 따낸 '수로왕릉 성역화 사업' 목적예산이라는 설명이

도의원 시절

었다. 다른 지역 도의원들까지 들고 일어나면 일이 커질 판이니, 경남도 입장에서는 나를 일단 달래고 보겠다는 심사가 느껴졌다. 결국, 연차적으로 가야진伽倻津 용신제 복원 예산을 편성하기로 '합의'가 이루어졌다. 가야진 용신제 기능보유자의 뒤를 이를 전수자 자리도 한 명 더 늘려주기로 했다. 이름부터 '가야진사'니, 그들로서는 예산에 끼워 넣을 명분도 괜찮은 셈이었다.

가야진사(경남도 민속문화재 제7호)는 원동면 용당리 비석골 안쪽의 낙동강변에 자리한 사당이다. 규모가 크지 않은 뱃집 형태의 건물 세 채로 이루어 졌고, 사당은 내삼문을 지나 가장 안쪽에 자리 잡았다. 신라시대처음 세워진 것으로 전하는데, 현재 건물의 상량문에는 1644년(인조 22년)에 개수, 1708년(숙종 34년)에 중수한 것으로 되어 있다. 1481년(성종 12년) 완성한 『동국여지승람』 권22에도 실려 있고, 『양산군읍지』는 "가야진은 신라가 가야국을 정벌할 때 내왕하던 나루터"

원동면 용당리 가야진사

라 했으니, 그 연원을 미루어 짐작할 수 있다. 현지 주민들 사이에는 "신라가 가야와의 전쟁에서 죽은 병사들을 위로하기 위해 지은 사당"이라고 전해져 온다.

사당에 모신 위패는 '가야진지신伽倻津之神'이다. 또, 사당에는 가야진사伽倻津祠, 재각齋閣에는 용신재龍神齋라 헌액했다.

『동국여지승람』은 "공주의 웅진사熊津祠와 함께 중사中祀로 춘추에 치제를 모시는데, 나라에서 향축을 하사하였다."고 하여 이 제향이 국가적 행사였음을 알려주고 있다.

## 가야진 용신제는 신라 전통 이은 천신제

보존 중인 축문들에서도 제향을 성격을 알 수 있다. 양산군수의 치제, 지역 유림儒林이 주민들의 안녕과 풍년을 기원한 내용이다.

시제 축문은 "삼가 신 통훈대부 행 양산군 아무개는 삼가 가야진의 신에게 고하옵니다. 엎드려 축원하오니 나라를 위해 만물을 윤택하게 하시고, 예를 다해 제사를 드리오니 우리에게 온갖 복을 내려주소서. 감히 예물을 갖추고 제수를 마련하여 이렇게 바치옵니다. 상향(謹遣臣 通訓大夫 行梁山郡 某姓名 敢昭告于 伽倻津之神 伏以爲國之祝 澤潤萬物 克禮克祀 錫我百福 謹以牲幣 醴祭粢盛 庶品式陳 明薦 尙 饗)"이라 되어 있다.

유림이 모신 제향의 축문은 두 가지로, 서로 비슷하다.

"유세차 모년 모월 모일, 유학 아무개는 감히 가야진의 신께 삼가 고하옵니다. 부디 양덕으로 만물을 윤택하게 하시고 우리 백성을 도와 재앙을 없애고 복을 내려주소서. 감히 예물을 갖추고 제수를 마련하여 이렇게 바치옵니다. 상향(維歲次 干支 某月 干支朔 某日 干支 幼學 某敢昭告于 伽倻津之神 伏以陽德正中 澤潤萬物 佑我生民 消災錫福 謹以牲幣 醴祭粢盛 庶品式陳 明薦 尙 饗)".

"유세차 모년 모월 모일, 유학 아무는 감히 가야진의 신에게 삼가 고하옵니다. 부디 쌓고 쌓은 기氣와 오행의 큰 공덕으로 만물을 기름지게 하여 만물을 이뤄주소서. 정성을 다해 기원하오니 경사로운 풍년을 내려주사 이 기도를 헛되지 않게 하소서. 상향(維歲次 干支 某月 干支朔 某日 幼學 某姓名 敢昭告于伽倻津之神 伏以氣畜淵深 五行伊始功弘 灌漑萬物 以成庶諒 祈告之誠 俾垂豊穰之慶 無任虔禱之至 尙 饗)"

우리나라의 종묘제례는 신라 제2대왕인 남해왕(南解王, ?~24) 때 비롯됐다고 한다. 남해왕이 아버지 혁거세왕의 묘당을 세워 친누이 아로阿老로 하여금 제사를 모시게 한 것이 그 효시이다. 신라는 제례의 식을 대 · 중 · 소사로 나누었는데 종묘대제는 왕실이, 오악五嶽의 산신, 사해四海의 해신, 사진四鎭의 지신, 사독四瀆의 천신川神 같은 명산

대천에 올리는 중사는 중신重臣들이 맡았다. 가야진 용신제는 서라벌을 중심으로 동서남북에 위치한 토지하(吐只河, 흥해 곡강천), 웅천하(熊川河, 공주 금강), 한산하(漢山河, 서울 한강)와 함께 사독에 속한 황산하(黃山河, 양산 낙동강)의 천신제였다. 주민들의 무사안녕과 풍년 · 풍어제, 기우제 등을 담당했는데 지금은 대부분 맥이 끊어지고 유일하게 가야진사에만 남아 가치를 더하고 있다.

## 진정한 '민관합동' 고을 안녕과 주민화합의 축제

권위주의 정권 시절 즐겨 쓴 표현 중에 "군 · 관 · 민 합동으로…." 라는 말이 있었다. 군대가 앞장서고 관공서와 국민이 힘을 보태는 형국이다. "전 국민 단결하여" 정도의 의미로 해석할 수 있다. 문민정부 이후에는 "민관 합동으로…."라고 했지만, 역시 정부가 가자는

대로 끌려가는 외에는 도리가 없었다. 그와 비교하면, 가야진 용신제(경남도 무형문화재 제19호)는 일찍부터 진정한 의미의 '민관 합동'으로 치러졌다. 신라시대 시작된 엄숙한 국가 제례가 지금껏 전승되어 올 수 있었던 것은, 뒤풀이 성격의 놀이문화와 결합해 흥겨운 민속으로 발전한 덕분이라는 말이다.

정성껏 제물을 차려 용신에게 빌고 나서 음복飮福을 하다 보면, 편안해진 마음에 저절로 노랫가락과 춤사위가 어우러졌으리라. 언제부턴가는 당연한 듯 노래와 춤으로 잔치를 벌였고, 세월 따라 부정굿, 칙사영접굿, 용신제, 용소풀이, 사신풀이 등 순서와 짜임새를 갖추게 되었다.

국가제례와 민간의 놀이문화가 융합될 수 있었던 또 하나의 요인은, 이 지역에 전해오는 전설과 관련되어 있다.

옛날 양주梁州 관아의 전령傳令이 대구로 가다 가야진에 갑자기 풍랑이 일어 나루터 주막에서 묵게 되었다. 잠이 들자 꿈에 청룡 한 마리가 나타나더니, "남편 용이 첩의 꼬임에 빠져 본처인 나를 구박한다."고 하면서 첩 용을 죽여주면 은혜를 갚고, 그러지 않으면 저주를 내리겠다고 사정 반 협박 반 하소연을 하는 것이었다. "장수將帥도 아닌 내가 무슨 재주로 용을 죽이겠느냐?"고 묻자 청룡은 활과 화살을 주면서 "내가 무슨 수를 써서라도 둘 사이를 이간질해 내일 싸움을 붙일 테니, 강가에서 보고 있다가 첩 용을 쏘아 죽이라."고 당부했다.

날이 밝은 후 강 가운데를 바라보고 있노라니, 과연 들었던 대로 용 두 마리가 서로 얽혀 엎치락뒤치락하기 시작했다. 황룡과 청룡이었다. 전령은 일이 잘못되어 본처인 청룡과 첩인 황룡이 싸우는 것으로 생각하고 황룡을 향해 힘껏 화살을 날렸다. 다행히 황룡이 누런 배를 뒤집으며 물 위로 떠올랐다. 그런데 강 가운데서 또 다른 청룡 한 마리가 솟아오르더니 뭍을 향해 날아오며 왜 남편을 죽였느냐고 울부짖었다. 첩 용 역시 청룡인 줄 몰랐던 전령이 남편인 황룡을 첩으로 오해했던 것이다. 한이 맺힌 본처 용은 전령을 등에 태우고 용궁으로 돌아가고 말았다. 이후로 물금지역에 가뭄과 홍수 등 재앙이 끊이지 않자 주민들이 가야진사에서 용들을 위한 제사를 올리게 됐다는 것이다. 국가의식에 민간제례가 끼어들게 된 계기를 설명하는 전설이 아닌가 한다. 그래서인지 가야진사의 사당 내부에는 '가야진지신' 위패 위에 구름 속을 나는 황룡 한 마리와 청룡 두 마리를 그려 모시고 있다.

## 수로왕 때부터 전해진 가야진 용신설화
## 통돼지 바치며 "침하돈沈下豚!" 외쳐

가야진의 용신설화는 내용은 다르지만 가락국 수로왕 시절부터 전해지고 있으니 그 뿌리가 참으로 깊다. 『삼국유사』 중에서도 불교 관련 내용을 모은 「탑상塔像」편 '어산불영魚山佛影' 조의 밀양 만어사에 관한 내용에 들어있다. 가라국(呵囉國, 가락국) 국경의 옥지玉池에 살고 있는 독룡이 만어산 나찰녀와 왕래하면서 번개와 비로 인해 4년 동안 흉년이 들었다. 수로왕이 주문을 외워 이를 금하려 했으나 뜻을 이루지 못하고 부처의 설법을 청하고 나서야 재앙이 그쳤다는 줄거리이다.

바로 뒤에는 일연선사가 "승려 보림(寶林, ?~?)이 '…산 가까운 곳이 양주梁州 경계의 옥지인데, 여기에도 역시 독룡이 살고 있다….'고 했는데, 지금 친히 와서 모두 참례參禮하고 보니 분명히 공경하고 믿을 만한 일이 두 가지가 있다."고 강조하기까지 했다. 옥지연은 가야진사와 김해시 상동면 사이 물을 가리키는 이름으로, 용이 산다고 해서 용소龍沼라 부르기도 한다. 낙동강 전 구간에서 가장 깊은 곳으로 전해진다. 이곳의 용이 첩룡, 혹은 만어산 나찰녀와 어울리면서 주변 고을에 재앙이 생겼다는 점에서 줄거리는 비슷한 셈이다.

가야진 용신제 첫 마당은 마을과 가야진사 제당을 청소하고 부정을 막는 금줄을 치면서 황토를 뿌린 후, 향과 축문을 가져오는 칙사의 영접길을 밟으며 행하는 지신밟기이다. 주민들은 길을 고르며 뒤따르는데, 사당을 돌아 앞마당 제단에 이르면 강신제降神祭라는 신맞이 의례를 행한다.

집례관이 주관해 제단에서 분향례, 헌작례, 음복례를 올리고, 제단 아래에서 망료례望燎禮를 행한다. 제관들이 용소龍沼로 향하기 전 풍물패가 송막松幕에 불을 지르고 짚신을 벗어 함께 태워 부정不淨을 소멸한다. 제관들은 곧 이어 희생犧牲 제물인 통돼지를 배에 싣고 강 가운데 용소로 나아가 마을의 안녕과 풍요를 기원하며 용왕에게 헌작獻酌 재배再拜하고 제물을 바친다. 이때, 용왕이 알 수 있도록 '돼지를 가라앉힌다'는 뜻의 "침하돈沈下豚!"을 세 번 외친다.

배가 용소를 한 바퀴 돌고 상륙하면 제관들이 제단에 고하고 칙사가 관복을 벗는 것으로 용신제의 모든 절차가 끝난다.

## 4대강 사업, 위기를 기회로 거듭난 가야진사

2007년 가야진사 옆 2,826㎡의 부지에 6억 2천500여 만 원을 들여 건립한 가야진 용신제 전수관은 연면적 247.8㎡ 규모로, 막상 준공 후 사용해 보니 전수교육과 연습, 소품 보관, 합숙 등 사용에 턱없이 공간이 부족했다. 대책마련이 논의되던 2009년에는 증축은 고사하고 가야진사와 전수관 모두 일대 위기를 맞기도 했다. 4대강 공사 과정에서 이 구간의 강폭 확장을 위한 준설계획이 수립되어 철거 또는 이전이 불가피해졌기 때문이었다. 주민들의 반대에도 공사를 강행하는 과정에 가야진사 옆에서 사당의 부속건물지와 제사유물이 대거 발굴되어, 결과는 전화위복으로 마무리되었다. 철거계획이 백지화되고 제단 등을 복원해 옛 모습에 한 걸음 더 가까이 가게 된 것이다.

출토된 유물은 주로 분청사기 제기류로, 희준(犧尊, 제사용 술단지), 보簠, 궤簋 등 다양한 기물이 조선조의 『국조오례의國朝五禮義』 제기도설祭器圖說에 수록된 원형대로 제작되었다. 이는 가야진 용신제가 국가

희준 등 모두 10여점의 분청사기 제기는 일괄해 문화재로 지정됐다.

의례였음을 입증하는 한편 도자사陶瓷史 연구에도 더없이 귀중한 자료로 평가받았다. 양산시립박물관에 보존 전시 중인 '양산 가야진사 출토 분청사기 제기 일괄(梁山 伽倻津祠 出土 粉靑沙器 祭器 一括)'은 2016년 경남도 유형문화재 제594호로 지정받았다.

지구온난화 등 이상기후에 따른 자연의 재앙이 날이 갈수록 위세를 더하고 있다. 자연은 인간에게 온갖 풍요를 베풀고 살아갈 터전을 내어주지만, 인간이 그 섭리를 거스르면 엄청난 위세로 앙갚음한다는 사실도 잊지 말아야 한다.

가야용신제를 옛 시대의 허황한 전설에 기댄 허례虛禮나 미신으로 비하할 수도 있겠지만, 마을 주민 모두가 참여해 공동체 결속과 화합을 다지는 '페스티벌festival'로서, 오히려 날이 갈수록 그 가치가 커져 가리라 믿는다.

### 부러우면 지는거다, 김해시의 민주당 성과

수로왕릉 정비사업 예산에 항의해 가야진사 관련 예산을 일부 얻어내기는 했지만, 그 과정에서의 심사는 좀 더 복잡했다. 당시 송은복 김해시장은 '행정의 달인'이라는 별명으로 통하는 전문적 식견은 물론 대단한 추진력과 카리스마의 보유자였다. 목표를 정하면 끝까지 밀어붙여 성사시키는 승부근성을 발휘했다.

지금 김해시에 가보면 잘 단장된 수로왕릉, 왕릉과 담장 하나 사이로 조성된 수릉원, 해반천변 '가야의 거리'를 비롯해 역사문화의 도시라는 향기가 물씬 풍기고 있다. 수릉원은 공설운동장이 있던 드넓은 평지에 나무를 심어 도심속 힐링공간으로 바꾸어 놓았다.

특히 문재인 정부 기간 김해의 변화는 눈부셨다. 대선 과정에서부터 봉하마을과 김해(을) 국회의원 출신인 김경수 전 경남지사부터 김해시장, 시의회를 포함한 범 김해지역이 가야사 복원을 '국정 100대 과정'에 선정되도록 힘쓴 덕분이기도 했다. 대성동고분(사적 제341호)을 필두로 한 가야고분군이 유네스코 문화유산에 지정되었고, 그동안 지지부진했던 가야사 복원 2단계 사업이 다시 탄력을 받았다. 땅값 비싸기로 소문난 김해에서, 도심에 자리 잡은 초 · 고교와 교육지원청 등 '교육 단지'를 통째 들어내 가야의 거리를 따라 봉황대-수릉원-수로왕릉-국립박물관 · 구지봉을 연결하는 '가야 벨트'를 구축하고 녹지 중심의 가야시민공원까지 조성한다. 엄청난 규모의 국책사업이다. 또 국립가야역사문화센터(장유신도시)를 유치하는 개가도 올렸다. 가야와 관련한 고고학 발굴자료, 기록물, 도서 등 모든 자료를 아카이빙하는 새로운 개념의 복합 문화공간이다. 전시실에서는 세계유산으로 등재된 7곳의 가야 고분군에 대한 역사적 가치와 의미, 고분 출토품을 연구 복원한 가야시대 말 갑옷을 비롯해 창원 국립가야문화유산연구소 수장고에 30여 년간 잠들었던 가야토기를 가까이서 보고 느낄 수 있다. 가야 관련 연구자들이 기증한 책부터 국가유산청이 펴낸 책까지, 가야의 역사, 문화적 학술자료를 망라해 둔 열람실도 있다. 한마디로 '가야의 모든 것'을 보고 느끼고 체험하며 오래도록 기억하게 돕는다. 김맹곤, 허성곤으로 이어진 민주당 소속 시장들이 문재인 정부의 힘을 빌려 이루어낸 성과가 부러운 한편, 우리 양산의 문화현실을 생각하면 안타까운 마음이 드는 것도 사실이다.

# 김혁규 전 경남지사를 추모하며

작년(2025) 3월 25일 오후였다. 핸드폰에 문자 하나가 날아왔다. "김혁규 전 지사님이 24일 오후 7시 반경(현지 시간) 노환으로 별세하셨다고 합니다. 발인 31일 오전 10시(현지 시간) 뉴저지주 리지필드 축복장례식장, 알고나 계십사 하구요…." 이런 내용이었다. 아, 하고 탄식하다 순간 섬짓해졌다.

오전 일이 떠올라서였다. 그날따라 새벽 일찍 잠이 깼다. 이른 아침을 먹고 나자 몸이 찌뿌둥했다. 살살 오한이 드는 듯도 했다. 마침 회사에도 오후에 나가기로 돼 있었기에 자리에 다시 누웠다. 그게 여덟 시 반쯤이었을까. 아내는 몸살약을 챙겨주며 "아이구, 천하의 조문관씨도 늙는 갑다, 몸살을 다하고…."라며 걱정스레 쳐다보았다. 깜빡 잠이 들었다가 화들짝 깨어났을 때, 벽시계가 눈에 들어왔다. 아홉 시 반이었다. 무언가 기분 나쁜 가위눌림이었는데, 내용은 기억나지 않았다. 자리를 털고 일어나 동네를 한 바퀴 뛰고 나자 몸은 개운해졌지만, 마음은 여전히 뭔가 찜찜했었다. 김 지사께서 미국 동부 시간으로 전날 오후 7시 반경 운명했다면, 우리 시간으로는 25일 오전 9시 반, 내가 놀라 깨었던 무렵이다. 그냥 우연이라 생각하기로 했다.

문자를 보내 준 지인은 김혁규 지사께서 은퇴 후 미국에 머무는 동안 '국내 소식통' 역할을 해온 분이었다. 가끔씩 내 소식이나 김 지사의 안부를 서로에게 전해 주기도 했다. 전화를 걸었더니 "조의원께는 꼭 알려드려야 할 것 같아 문자를 남겼다."며 "그렇다고 무리해서 미국까지 문상은 꿈도 꾸지 말라."고 당부했다. 추모의 정성을 그에게 부치는 수밖에 없었다.

김 전 지사는 젊은 분들에게는 어쩌면 다소 생소한 이름일지도 모르겠다. 하지만 그는 우리 정치사에 한 획을 그은 거물이었다. 다만, 끝내 꿈을 완성하지 못하고 외로운 말년을 보낸 셈이었다. 2007년 노무현 대통령 서거 후 모든 뜻을 접고 젊은 시절 머물렀던 미국으로 돌아간 그였으니, 어쩌면 쓸쓸한 임종이었다.

내가 그를 만난 것은 7대 도의원으로 등정하면서였다. 당시 임기중이었던 김 지사가 제시한 경남도정의 화두가 바로 '경영행정 '이었다. 그가 등장하기 전까지, '행정'과 '경영'은 서로 대척점에 있는 용어였다. 철저한 계획 아래 한 푼 흐트림 없이 집행해야 할 나랏돈을 장사꾼 쌈지 굴리듯 하자는 말인가. 있을 수 없는 일이었다. 하지만 결국 모든 자치단체가 그의 혜안慧眼을 받아들였고, 이제는 '경영행정'이 단체장의 기본 자격이 되었다. 머리 숙여 삼가 고인의 명복을 빈다.

김 지사는 공무원 생활을 하다 미국으로 이주, 92년 귀국할 때까지 21년간 뉴욕에 거주했던 기업가 출신이었다. 우리나라의 전대錢帶에서 착안한 '벨트 파우치' 즉 허리 쌕을 개발해 성공신화를 써냈다. YS와의 인연으로 청와대 사정비서관을 지낸 후 1993년 경남지사로 취임, 95년 민선과 함께 내리 3선째 연임하고 있었다.

내가 위원장을 맡았던 도의회 경제환경문화 상임위원회는 김 지사가 추진 중이던 경영행정 차원의 해외교역, 관광개발, '미래 투자' 등 주요사업을 대부분 관장했다. 수시로 "조 위원장, 나 좀 봅시다."

라는 김 지사의 전화를 받고 집무실이나 관사로 찾아가 자리를 함께 했다.

## 도지사에게서 받은 상임위원장 '경제 과외'

대화내용은 주로 자신의 경험담이었다. 부모님을 일찍 여의고 5형제의 소년가장으로 겪은 일들, 독지가가 설립해 학비 부담이 적었던 김해 진영읍의 한얼중·고등학교에 진학했다가 부산 동성고등학교로 옮겨 졸업한 이야기, 부산대(행정학과)를 나와 창녕군청 말단 공무원으로 공직 생활을 시작한 이야기….

특히 뉴욕생활과 성공담은 어느 기업소설 못지않게 흥미진진했다. '쌕'이 대성공을 거두자 뉴욕 언론은 '올해의 히트상품'을 보도하면서 "아주 이상한 상품이 목록에 올랐다."고 했더라는 대목에서는 마주보며 너털웃음을 터뜨렸다. 쌕 개발 후 뉴욕 중심부 맨하탄의 브로드웨이 29번가 5층 건물을 매입해 '혁 트레이딩'이라는 회사를 설립한 것이 본격적인 경영의 시작이었다. 1층에 '혁 가방'이라는 점포를 열었는데, 매장이 아니라 '배급소'로 변해 버렸다고 한다. 쌕을 받아가기 위해 도매상들이 새벽부터 길게 줄을 늘어서는 진풍경이 연출됐던 것이다. 나중에는 번호표를 나눠 주고 '1인당 O개' 식으로 판매량을 제한해야 할 정도로 성황이었다.

고객들의 상품 선택을 돕고 그걸 손수 박스에 포장해 택배 회사로 실어 나르는 김 지사에게서 재미동포들이 큰 감명을 받았다는 기사를 읽은 오래 전 기억이 떠올라 질문을 했다.

"쌕은 명품 가방이 아니라 소모품이오. 다른 데서 흉내 내 만들기도 쉽고. 계속 앞서가기 위해서는 제품에 가장 민감한 현장 상인들과 접촉하면서 편의성, 개선점, 소비자 반응 등을 체크하는 게 당연하지 않겠소?"

그의 대답을 들으면서, 김 지사의 의중을 읽을 수 있었다. 시간 날 때마다 나를 부른 것은 단순히 대화를 위한 것이 아니라 도정 파트너로 삼아야 할 도의회 상임위원장을 상대로 펼친 일종의 '경제 과외'였던 것이다.

## 경영 행정과 부드러운 리더십

자신의 주장을 강하게 내세우거나 주입하려 들지 않고 상대의 변화를 이끌어 내는 것이 김 지사의 성품이었다. 5공 시절인 뉴욕한인회 이사장 때 맺은 YS와의 인연이 재미교포 사회에서 의외로 받아들여진 것도 그 때문이었다. 그들이 평소 알고 있던 김 지사는 정치적으로 무색무취한 인물이었다. 그런 김 지사가 군사정권의 핍박을 받는 야당인사를 지원하리라고는 아무도 예상하지 못했던 것이다. 1992년 아예 YS 캠프에 합류했다가 사정비서관으로 청와대에 입성한 그는 이듬해 경남도지사로 국내정치에 발을 들였다.

김 지사가 지닌 '부드러운 리더십'은 도의회에서도 십분 발휘되었다. 도정을 유독 날을 세워 비판하는 모 진보정당 의원을 대하는 그의 태도에서는 존경심마저 느껴질 때가 한두 번이 아니었다. 나이가 한참 아래인 젊은 의원이 자유발언이나 도정질문을 통해 폭언에 가까운 맹공을 퍼부어도, 김 지사는 얼굴색조차 변하는 법이 없었다. "의원님 말씀 잘 들었습니다. 좋은 지적에 감사드립니다."라는 식으

경남도 행정사무감사

로, 말투나 삿대질에 시비를 걸지 않았다. 반박을 할 때도 항상 “저도 공감합니다. 그러나 이러이러한 측면도 있다는 점을 참고해서 우선순위를 판단해 주십시오.”라는 식의 어법을 썼다. 질의자의 입장을 최대한 살려주어, 싸우지 않고 싸움에 이기는 부드러운 리더십의 소유자였다.

업무 스타일은 정반대였다. 소신을 갖고 결정한 정책을 추진할 때는 거침이 없었다. 도지사에 취임하자 조직개편과 구조조정을 단행해 공무원 3,650명을 감축했다. 경남도 직할 사업소도 민간에 위탁해 행정비용을 대폭 절감했다.

94년에는 (주)경남무역을 설립했다. 말로만 경영행정이 아니라, 실제로 회사를 차려 도내 농수산물과 중소기업 제품의 해외시장 개척에 나선 것이다. 도내 기업 임직원들로 해외시장 개척단을 꾸려 아시아는 물론 미국 유럽 등 세계를 돌았다. 자신을 도지사 대신 ‘주식회사 경남'의 대표이사라고 불렀을 정도로 '돈 되는 경남 행정'을 펼쳤다.

### 허드렛일 도지사에 판매원도 감동의 눈물

2003년엔가, 내가 직접 목격한 인상 깊은 장면도 있다. 일본 도쿄의 백화점 코너를 빌려 마련한 경남 농수산물 특판전에서였다. 예정된 개장식 시간보다 일찍 백화점에 나간 김 지사는 매장 구석구석을 꼼꼼히 둘러보았다. 그러다 갑자기 고무장갑을 챙겨 끼고 진열대의 농산물 위치를 바꾸기 시작했다. 수행원들도 당황했지만 더 놀란 건 그 백화점의 여성 판매원이었다.

고위층으로 짐작되는 말쑥한 차림의 인솔자가 무며 배추를 들어 날라 진열대를 정리하자 불안감에 안절부절 했다. 김 지사는 주부들이 집어 들어 살펴보기 편하도록 무나 대파처럼 무거운 채소는 앞쪽 상단, 수북이 쌓는 시금치며 부추는 매장 가운데 식으로 자리를 바꿔 진열했던 것이다. 나중에야 그 노신사가 도지사라를 사실을 알게 된 여직원은 감동으로 눈시울을 적셨다.

'남해안 시대'를 처음 주창한 이도 김 지사였다. 김 지사는 기회 있을 때마다 나에게도 "남해안 시대가 경남의 미래"라며 해안지역 발전의 중요성을 강조했다.

"조의원, 미국을 생각해 봅시다. 개국한 지 불과 200년이오. 내세울 만 한 역사가 별로 없지. 그런데도 서부영화를 통해 개척정신을 부각시키고 독립전쟁, 남북전쟁에서 수많은 영웅을 만들어냈지. 역사가 짧으니 '스토리텔링'을 활용하는 거야. 그런데 우리는 고대사를 합하면 1만년 역사에, 특히 남해안 곳곳은 이순신이라는 민족적 영웅의 숨결을 간직하고 있어. 21세기 해양시대를 선제적으로 준비하고 지방 균형발전을 도모하는 두 가지 측면에서 의회도 남해안 시대에 관심을 쏟아야 해."

## 남해안 시대를 향해 놓은 다리, 거가대교

그가 남해안 시대 구상에서 첫 기획한 작품은 '거가대교'였다. 그는 "임명제 시절인 1994년 '거제도와 부산 가덕도를 연결하는 거가대교를 건설하겠다.'고 발표하자 공무원들도 눈만 끔벅끔벅하더라."고 회상했다. 기자들도 1년 후 있을 첫 직선제 도지사 선거를 염두에 둔 장밋빛 공약으로 치부해 제대로 보도조차 안 해주더라고 했다.

거가대교는 그가 정치에서 은퇴한 뒤인 지난 2010년 12월 개통했다. 3.5km의 2개 사장교와 3.7km의 침매터널, 1km의 육상터널 2개로 이루어져 총 길이 8.2km에 달한다. 바다 밑 48m 지점에는 길이 180m, 높이 9.97m, 너비 26.5m 크기의 콘크리트 구조물(함체) 18개를 연결한 해저터널이 건설되었다. 이로써 부산(사상 시외터미널)~거제(고현터미널)간 통행거리가 종전 140km에서 60km로, 통행시간은 130분에서 50분으로 단축되었다. 통영~대전고속도로, 부산~대구고속도로와 연결되어 남해고속도로, 경부고속도로의 교통량 분산 효과와 함께 부산과 거제, 통영, 고성 등을 포함한 10개 지역 약 700민 명이 남해안 경제권을 형성하게 된 것이다.

경제환경문화상임위원회 회의 모습

## 탈당 후 평가절하, '정책 실패' 성토

아쉬운 점은, 김 지사의 정책 대부분이 표류하고 말았다는 사실이다. 2003년 말 그가 한나라당을 탈당해 열린우리당으로 옮기면서, 도정의 영속성이 단절되고 만 탓이었다. 한나라당 일색이던 경남도의회도 김 지사 탈당 직후 행정사무조사 특위를 구성, 그가 재임한 지난 10년간의 도정 실태조사를 벌여 주요 프로젝트 대부분을 실패로 규정했다.

물론 중국 산동성의 경남전용공단 등 분명히 실패한 사업도 있었다. 하지만 그것은 김 지사의 정책 실패라기보다는 산동성 당국의 일방통행이 문제였다. 1994년 전용공단 계약 당시에는 경제낙후를 벗어나고자 적극적으로 나섰다가, 이후 자국 여건 개선과 사회주의 경제인식에 따른 지나친 규제로 입주업체에 어려움을 안긴 것이었다. 대통령의 말 한마디로 하루아침에 날벼락을 맞았던 개성공단 사태와 비교해도, 김 지사의 잘못이라고만 할 수는 없는 일이었다. 무엇보다, 그동안 해당사업의 예산을 심의 의결하고 도정 성과를 자신들이 함께 이룬 치적이라 홍보하던 도의원들이 하루아침에 평가를 뒤집은 것은 낯 뜨거운 자기부정이었다.

그런데도 경남도의회는 "㈜경남무역은 상법의 적용을 받는 주식회사인데도 조례상 공무원 파견 조항이 있어 연간 2명에서 11명까지 파견 근무"하고 있다는 점까지 김 지사의 잘못으로 몰아붙였다. 조례 제정 권한을 가진 도의회가 제 얼굴에 침 뱉기도 불사할 정도로 김 지사 성토에 동원된 것이다. 한나라당이 중앙당 차원에서 '김혁규 죽이기'에 화력을 집중하고 있었으니, 해당 지역의 도의회가 돌격대 역할을 맡는 건 어쩔 수 없는 일이기도 했다.

최근 이재명 정부에서 끝내 낙마한 이혜훈 기획재정부 장관 후보자의 청문회 때와 흡사했다. 자기들이 치켜세웠던 인물, 다섯 번이나 검증하고 국회의원 후보로 공천했던 인물인데, 당시 행적에 온갖 시비를 걸어 난도질했던 것이다. 그래도 김혁규 지사에 대해서는 업무성과만 깎아내렸을 뿐 처신 문제나 비리 의혹은 나온 바 없었으니, 그들도 기 지사의 인품만은 헐뜯기 무안했던 것 같다.

## "더 큰 뜻 위해 움츠릴 줄도 알아야" 충고

동료의원들과 사석에 앉으면 "우리 처지가 한심하다."는 푸념도 나왔다. "조의원은 김 지사와 워낙 잘 지내서 열린우리당으로 동반 입당할 거니까 고민 없겠다"고 부럽다는 의원까지 있었다. 아닌 게 아니라, 나 역시 그런 생각을 갖고 있었다. 김 지사께 의논을 드렸더니, 그는 오히려 탈당을 만류했다.

“조의원, 나는 이미 정치적인 손익을 버린 사람이오. 나의 선택이 경남이나 대한민국에 도움이 된다고 판단했을 뿐, 앞날은 하늘에 맡겨야지. 그러나 조의원은 그래서는 안 돼. 아직 젊은 정치인이 더 큰 뜻을 펼치기 위해서 때로는 시류를 따르거나 움츠릴 줄도 알아야 하는 거야.”

김 지사는 “나는 비록 몸을 옮기지만, 도의원은 보수 텃밭인 경남의 정서를 무시해서는 안 된다.”며 아직은 시간을 두고 차근차근 성장해 나가야 할 단계라고 충고했다. 김 지사가 적극 설득했다면, 동료 의원들 중에도 행동을 같이 할 사람이 여러 명 있었지만, 그는 혼자서 표표히 열린우리당으로 갔다. 당적을 옮길 때면 거창한 명분을 앞세우고 권유 반 강요 반 불러 모은 동반세력을 과시하는 우리 정치풍토에서, 참으로 드문 지도자가 아닐 수 없었다.

## “결단하고 나면 앞날은 하늘의 뜻” 담담한 행보

그는 탈당한 지 서너달 만에 치른 17대 총선에서 열린우리당 비례대표 국회의원으로 여의도에 입성했다. 당이 달라진 후로도 나는 종종 전화로 안부를 물었다. 국회가 개원하기도 전에 국무총리 물망에 올라 경황이 없을 텐데도, 그 역시 시간이 나면 나를 불러 ‘스승’ 역할을 계속했다. 언론이나 정치권의 반응에 일희일비 하지 않고 유유자적해 보이기까지 하는 행보에 “결단은 나의 몫이지만 앞날은 하늘의 뜻‘이라던 그의 말을 떠올렸다.

꼭 한 번, 그가 답답함을 토로하는 걸 들은 적은 있다. 국회에서

김혁규 전 지사와 YS

지방자치 관련 토론회에 참석했다가 의원회관에 들렀을 때였다. 국회 밖 식당에서 소줏잔을 기울이다 말했다.

"조의원, 나는 크게 바라는 게 없는 사람이오. 젊은 시절에는 가족을 위해 뛰었지. 그 목표를 어느 정도 성취한 후에는 나를 필요로 하는 일, 내가 도움이 될 일에 매진했고. 지금도 마찬가지야. 내가 만일 총리가 되면 경남이 제일 득을 볼 텐데, 정치란 게 뭔지 경남에서 가장 강하게 반발하니 말이야…."

늘 "명분보다 실리의 정치를 하라."고 했던 그의 충고와 맥이 닿아 있었다. 도내 출신 한나라당 국회의원들이 '김혁규 총리' 반대에 목소리를 높이고 있는데 대한 아쉬움이었다. 얼마 후 6월 재보선이 열린우리당 참패로 끝나자 "지금은 화합을 통해 국가에너지를 모아야 할 때로, 대통령의 리더십과 통치력에 손상이 가선 안 된다"며 용퇴

의사를 밝혀 그의 총리기용은 불발되었다.

참여정부 말기, 노무현 대통령은 또 한 번 김 전지사의 총리 임명을 계획했던 것으로 알려지고 있다. 확실한 개혁성향, 탁월한 경영능력, 여야를 아우를 수 있는 부드러운 리더십 등 많은 장점에도 불구하고, 노 대통령은 동향인 경남 출신의 중용에 대한 부담감과 야권 반발, 당내 요구에 떠밀려 탈당한 자신의 입지 약화 등으로 이를 끝까지 밀어붙이지 못했다.

김 지사는 여권의 유력 대통령 후보로도 주목을 받았지만, 열린우리당이 중도개혁통합신당, 중도통합민주당, 대통합민주신당 등으로 몸집 불리기를 해나가는 과정에서 기득권의 벽에 부닥치고 말았다. 출신지인 경남을 장악한 보수진영은 그에게 '배신자' 프레임을 씌워 더 큰 정치의 길목을 막았고, 진보진영은 '굴러 온 돌'로 냉대해 기회를 주지 않은 것이다.

## 정치에는 '만약에'가 없다지만….

정치에는 '만약에'라는 말이 없다고 하지만, 나는 가끔씩 생각해 본다. 만약에 김혁규 전 지사가 국무총리에 기용됐더라면 어땠을까? 만약에 대통령에 출마할 수 있었다면 어땠을까?

계획 발표 당시 '뜬구름' 취급을 받았지만 지금은 우람한 위용을 자랑하고 있는 거가대교를 지날 때마다, 김 지사의 경영능력과 미래를 내다본 아이디어에 새삼 감탄하곤 했다.

김 지사는 경영능력 뿐 아니라 창조적인 아이디어도 돋보였다. 택시에 노란 색을 입혀 멀리서도 알아볼 수 있게 했고, 지금은 모든 자치단체가 운영 중인 휠체어 택시도 그의 아이디어였다. 1997년

울산시가 경남에서 분리 독립할 당시, 정부는 그 보상으로 경남에 경마장 건설을 약속했다. 그런데도 마땅한 부지가 없어 표류되자 부산시가 욕심을 내면서 경남과 갈등을 빚었다. 그때 김 지사는 '부산-경남 절반씩'이라는 해법을 내어 꼬인 실타래를 풀었다.

기초든 광역이든, 단체장이라면 그 자리의 권위가 아니라 능력으로 인정받을 수 있는 지도력을 갖추어야 한다. 무엇보다 거대 조직과 정책을 총괄할 수 있는 경영능력, 거기에 미래를 보는 눈과 과감한 결단력이 필요하다. 오랜 관치행정을 청산하고 민선을 선택한 것도, 기존 관료조직에서 기대하기 어려운 개혁적인 정책, 새로운 사고思考로 21세기 대한민국을 경영해야 한다는 시대적 소명이었다. 김 전 지사야말로 이 모든 조건에 부합하는 단체장이었다. 만약에 김혁규 전지사가 큰 뜻을 펼칠 수 있었다면, 지금의 경남이나 대한민국은 좀 더 다른 모습으로 변해 있지 않았을까. 생각할수록 아쉽기만 하다.

# 양산의 희망, 오늘도 해는 다시 뜬다

나는 지금 국민의 힘으로 바뀐 보수정당 새누리당 출신이다. 2002년 시의원 임기를 마치고 도의원 선거 때 입당해 무려 16년 동안 적을 두었다. 도의원 시절에는 경제환경문화상임위원장, 경남 경제살리기 특위 위원장 등으로 양산 시민의 기대에 부끄럽지 않은 의정활동을 했다고 자부한다. 주요 당직도 많이 맡았고 대선, 총선, 지방선거 등에도 누구보다 열성을 쏟았다.

그러나 열정과 헌신은 부메랑으로 돌아와 목을 죄었다. 2010년 시장 선거 경선에서는 공천 확정 후 한 마디 사과도 없이 후보를 뒤바꾸는 정치적 테러를 당했다. 2014년에는 불법과 반칙이 망라된 '짜맞추기 여론조사'의 희생양이 되었다. 소신에 어긋나면 상대가 누구든 굽히지 않은 반골기질, 당의 뜻보다 시민의 뜻을 받든 '눈치 없는' 행동이 밉보였던 것이다.

모든 가치 중심을 시민에게 두어야 한다는 것은, 나로서는 너무나 당연한 일이었다. 어릴 적 정치를 꿈꾸게 된 동기부터가 잘 사는 양산을 만들어 가난하고 힘든 이웃들을 돕겠다는 것이었기 때문이다. 시의원, 도의원 등 단계를 밟아가며 정치를 익혔고, 시민들에게 부끄럽지 않은 지도자가 되기 위해 사소한 공짜 밥 한 그릇도 마다했다.

시의원 시절에는 의회 차원의 단체 행사가 아닐 경우 공무원들과 밥자리조차 하지 않았다. 식사가 불가피할 경우는 상대가 누구든 내가 먼저 계산했다. 도의회 경제환경문화상임위원장을 맡았을 때는 내가 경영하는 회사의 업종과 겹쳐 처신에 더욱 조심했다. 양산시 예산이 2천억 원도 안 되던 그 시절, 경남도의 환경분야 예산만 1조 원에 달했다. 양산과 거리가 먼 다른 지역 환경설비 공사에는 참여해도 되지 않느냐는 달콤한 유혹에도, 결단코 단 한 건의 공사도 맡지 않았다.

자비를 들여 지방자치와 지방분권이 정착된 나라들, 환경 선진국들을 돌아보며 안목을 넓혔고 양산지역 곳곳을 발로 누비며 역사문화를 공부했다.

## 선택의 기회도 없이 꺾어졌던 희망 사다리

타고 난 건강체질이기도 했지만, 스포츠라면 축구, 배구 등 종목을 가리지 않고 좋아했다. 특히 마라톤으로 인내와 극기심을 길러 주위에서는 지금도 열정은 20대 건강은 30대라고 평가해 줄 정도이다. 일반업무는 수십 년 행정전문가인 공무원과 부시장에게 맡기고, 체력을 바탕으로 국내외 시장을 누비고 싶었다. '양산시'라는 브랜드와 양산에서 생산되는 제품을 파는 '세일즈 행정'을 꿈꾸었다. 누구보다 치열하게 준비해 온 과정을 시민 선택의 기회는커녕 공천단계에서 부정한 술수로 꺾어버린 권력의 횡포는, 나 개인이 아니라 모든 '흙수저'들에게서 희망의 사다리를 부러뜨린 처사였다.

나는 정치를 하면서, 사상과 이념으로 정당을 선택하지 않았다.

성장이 먼저냐 분배가 먼저냐 라는 경제정책 중에서, 오랜 기업경영 경험상 보수정당의 성장우선 정책을 지지했던 것이다. 하지만 경제가 성장해도 그 과실이 상위 1%의 금고에만 쌓이고, 재벌 총수와 국가지도자의 뒷거래를 통해 검은 뭉칫돈이 오가는 정권 하에서는, 어떤 정책도 의미가 없다. 그래서 위대한 정치지도자 간디도 "민주주의에 대한 나의 정의는, '가장 약한 자와 가장 강한 자가 똑 같은 기회를 가지는 제도'라는 것이다."라고 말했다.

민주주의의 근본인 지방선거나 가장 공정하고 깨끗해야 할 여론조사가 부정과 반칙으로 얼룩졌던 그때 이미 정권은 뿌리부터 썩어가고 있었던 것이다.

당에 대한 신뢰가 깡그리 무너진 이후에도, 나는 당적을 버리지 않았다. 당을 상대로 법정싸움을 벌이는 중에 탈당하면, 스스로 링에서 내려오는 것이나 마찬가지라는 생각에서였다. 거대공룡과 같은 소속 정당에 맞선 나의 투쟁은, 지역에서도 관심을 모았다. 당 안팎에서 많은 격려와 응원을 받았다. 2016년 19대 총선을 앞두고, 민주당 진영에서도 만남을 청해 왔다. 문재인 대표(당시)께서 웅상에 보금자리를 정한 이후, 지역 정가 이야기에 내가 화제로 올랐다고 했다.

## '빨간 점퍼' 입고 '파란 당' 도운 19대 총선

문대표의 이주로 양산에도 변화의 바람이 시작됐다고 하지만 19대 총선은 여전히 '보수 강세強勢'로 분석되고 있었다. 국회의원 선거구는 둘로 늘었는데 민주당원은 몇 백 명에 머물러, 오히려 전력

마라톤으로 인내와
극기심을 길러, 열정은 20대
건강은 30대로 평가 받는다.

분산이 우려되는 상황이었다. 그마저 일부는 새누리당 쪽을 돕고 있다는 말이 나올 정도로 힘겨운 판세였다.

민주당 원로그룹에서 "'바른 양산'을 꽃피울 희망대열에 동참해 달라고 호소했다. 나 역시 보수진영에 희망을 버린 지 오래였기에, 그날부터 전면에 나서서 민주당 후보들을 적극 도왔다. '빨간 점퍼'를 입은 채 '파란 당' 후보를 지원하는데도, 주위에서는 많은 분들이 행동을 같이 해 주었다.

유세장에 나가 민주당원들과 구호를 외치기도 했다. 지난 시절, 선거 때마다 정치장벽을 가운데 두고 '이쪽'과 '저쪽'으로 대립했던 사이였다. 그러나 가까이서 본 그들은 순수하고 열정에 넘쳤다. 누구랄 것 없이 먼저 다가와 따뜻이 반겨 주었다.

"잘 오셨습니다. 혼자 외롭게 싸우는 모습을 늘 지켜보며 응원했습니다. 이제야 악수를 나누게 됐으니, 안타깝고 반갑습니다."

어떤 분은 "말씀이나 행동은 영락없이 우리(민주당) 쪽인데, 남의 밭에 심어져 있었으니 양분을 제대로 섭취할 수가 없었던 것."이라며 이제 마음껏 날개를 펴보라고 격려하기도 했다.

아쉽게도 19대 총선은, 1승1패로 끝났다. 특히, 낙선한 후보는 오래 전부터 양산에서 '맨땅에 헤딩하듯' 민주당의 터전을 닦기 위해 애썼던 분이었다. 중반까지도 승리 가능성이 높게 평가됐기에, 근소한 표차의 낙선이 더욱 애석했다. 그래도 모두들 "이제 양산에도 희망의 밭을 만들었다." "아직 활짝 피지는 못해도 꽃봉오리는 맺혔다."며 아쉬움을 털어내었다.

19대 총선이 얼마 지나지 않아 '최순실 국정농단 사태'가 드러나기 시작했다. 그 내막이 한 겹씩 베일을 벗을 때마다 국민은 분노했다. 광화문 광장의 촛불은 횃불이 되어 전국을 달구었고 마침내 박근혜 탄핵으로 이어졌다.

사실 거듭된 반칙에 걸려 넘어지면서도, 나는 그것이 당내 일부 부패세력의 장난이거나 특정 권력자의 횡포이기를 간절히 바랐었다. 기대가 무너지는 데는 그리 오랜 시간이 걸리지 않았다. 일방적인 후보교체나 여론조사 과정의 불법행위에 대한 항의는 공허한 메아리로 흩어졌다. 아무도 귀 기울이지 않았고, 권력과 돈이 '진실'의 다른 이름으로 통하고 있었다.

국정농단 사태 앞에서 보여준 집권당의 민낯은 일말의 기대마저 버리게 했다. 대통령을 팔아 무소불위의 권력을 휘둘렀던 세력도, 국정농단에 침묵하거나 동조했던 세력도 자신과의 관련성을 잡아떼

19대 대선 당시
우상호 민주당 원내대표와 함께

기에 바빴다. 서둘러 상황을 모면하는 데만 급급한 모습은, 부끄러움과 함께 절망감을 안겨 주었다. 그들이 변신술을 하듯이 또다시 '국민의 힘'이라는 새로운 간판을 나는 더 이상 견딜 수 없어 탈당계를 제출했다.

## 양산, 생각을 바꾸자! 날개를 펴라

대통령 선거일이 5월 9일로 발표되자 양산지역의 민주당 조직에는 활기가 넘쳤다. 당원들과 수시로 만나 선거준비를 논의하던 중에 민주당 경남도당으로부터 연락을 받았다. 이왕 탈당했다니 이제는 민주당에 들어오면 좋겠다는 제의였다. 아직 끝나지 않은 법정싸움 때문에 고민도 됐지만, 갑자기 치르게 된 선거라 손 하나가 아쉽다는 말에는 더 이상 주저할 수 없었다. 대통령이 바뀌고 나라가 바로 서서 더 이상 억울한 희생자가 없어진다면, 나 한 사람의 명예회복은 뒤로 미루어도 좋았다.

경남도당은 1차로 뜻을 함께 하게 된 다른 분들을 소개했다. 전수식 전 마산시 부시장, 장충남 전 경남지사 비서실장, 차상돈 전 사천경찰서장, 박삼준 현 남해군의회 부의장 등이었다. 양산은 물론 동부경남권에서는 내가 유일했다. "나라를 나라답게 든든한 국민통합 대통령이 될 문재인 후보와 정권교체를 바라는 국민의 열망에 함께 하겠다"고 밝히는 기자회견장에는 우리 지역 서형수 국회의원께서도 직접 참석해 힘을 실어 주었다.

20일 남짓한 공식 선거운동 기간, 과거 경험했던 선거들과는 후보도 방식도 달랐다. 후보는 권위를 내려놓고 국민과 소통했고, 당원들은 온힘을 다했다. 그리고 5월 9일, 우리는 마침내 새로운 나라를 열었다.

문재인 대통령은 대부업 금리인하, 소멸시효 완성 채권의 소각, 공공부문 비정규직 정규직화 등 서민 친화정책을 잇달아 시행했다. 화재현장 사고로 결혼식을 미룬 소방관에게 '대통령의 명령'으로 신혼여행을 가도록 격려했고, 백남기 농민 유족, 5.18 유족을 따뜻이 끌어안아 보는 이들의 눈물을 자아냈다. 이전 대통령에게서 볼 수 없었던 국민소통이다.

우리 양산은 영축산, 천성산, 정족산 등 천혜의 배경을 자랑하는 자연환경을 지녔고, 국제적 항만도시 부산과 국내 최대의 기계화학 단지인 울산을 연결하는 징검다리 도시이다. 경남의 중심인 창원, 김해와도 맞닿아 잇다. 장기적으로는 북방경제의 교통축이 될 32개

5.18 유족 김소현씨를 위로하는 문재인 대통령

국 55개 노선 14만km의 아시안하이웨이도 경부고속국도 노선인 AH1(부산~서울~북한~중국~동남아시아), 국도 7호선 노선인 AH6(부산~강릉~북한~러시아) 등 두 개나 양산을 지나간다. 문재인 대통령 당시 양산시가 좀 더 강력한 적극 행정으로 그 '절호의 기회'를 살리지 못한 것이 못내 아쉽다.

자치단체의 예산은 가정경제의 '살림살이'와는 성격이 다르다. 예산은 적기에 적재적소에 집행해 지역경제에 활기를 불어넣는 마중물 역할을 해야 한다. '부채 제로'를 내세워 예산을 빚 갚는데 쓴다면, 일을 하지 않겠다는 말이나 다름없다. 사회간접자본시설(SOC) 건설을 미루다 보면 지가상승 등으로 인해 훨씬 무거워진 부담을 다음 세대로 떠넘기는 결과가 될 수도 있다.

이제 양산이 변해야 한다. 빚 갚는 행정이 아니라 빚을 내서라도 일해야 한다. 지역경제를 떠받치고 시민들에게 일자리를 제공할 기업이라는 '손님'을 맞이하기 위한 미래투자에 적극 나서 풍요로운 도시, 넉넉한 인심의 양산시를 가꾸어 내야 한다.

## 다시 꾸는 꿈, 최후 최고의 기회가 남았다.

아쉽게도, "풍요로운 도시 넉넉한 인심의 양산시를 가꾸어야 한다."던 그 꿈은 8년이 지난 지금도 미완未完으로 남아 있다. 민주당 출신이자 '양산시민'이었던 문재인 대통령 당시에도 그 힘을 제대로 활용하지 못했다. 대통령이야 차마 어찌 '내 동네'를 챙길 것인가. 양산시가 청사진을 제시하고 실현 가능성에 확신을 심어, 그 명분을 만들어 주어야 했던 것이다.

그러나, 또 한 번 하늘이 움직였다. 지방자치 제도하에서 중앙정부가 머리라면 경남도는 몸통, 양산시 같은 기초지자체는 손발이다. 민주당 출신 이재명 대통령이 집권한 지금, 중앙부터 경남도와 양산시까지 손발을 맞춘다면 양산의 푸른 꿈은 다시 활짝 날개를 펼 수 있다. 어쩌면 마지막 기회, 그러나 최고의 기회를 살려야 한다. 단순한 꿈이 아니라 시대적 소명이자 내일의 후손들을 위한 우리 모두의 책무이다.

조문관 에세이
날자, 양산!

# 제4부

# 양산, 잊혀진 제국 '가야'의 블랙박스

# 양산, 잊혀진 제국 '가야加耶'의 블랙박스

## '100대 국정과제' 가야사 연구복원, 강 건너 불 보듯 해선 안 된다

문재인 대통령이 취임한 지 얼마 후 청와대 여민1관 소회의실에서 대통령-수석보좌관회의가 열렸다.

대통령은 자리에 앉자 먼저 "우리 고대사가 삼국사 이전 고대사 연구가 안 된 측면이 있고, 가야사는 신라사에 겹쳐서 제대로 연구가 안 된 측면이 있다."면서 "가야사 연구 복원을 국정과제에 포함시켜 달라."고 주문했다. "가야사가 경남 중심으로 경북까지 미친 역사로 생각하는데 사실 더 넓다. 섬진강 주변 광양만, 순천만, 심지어 남원 일대까지 맞물리고 금강 상류 유역까지도 유적이 남아있다."는 말도 덧붙였다. "그렇게 넓은 역사이기 때문에 가야사 연구복원은 영호남 공동사업으로 할 수 있어서 영호남의 벽을 허무는 좋은 사업이 될 수 있다."는 설명과 함께, "국정기획위가 놓치면 다시 과제로 삼기 어려울 수 있으니 이번 기회에 충분히 반영되게 해 달라." 당부도 잊지 않았다.

국정기획위원회는 한 달 여 뒤인 대통령이 참석한 가운데 '국정 5개년 계획'을 발표하고 국정 100대과제를 확정 발표했다.

5대 목표와 20대 전략, 100대 과제와 487개 실천전략으로 구성된 이 계획에는, 당연히 가야사 연구복원도 포함되었다. 대통령이 직접 단상에 나와서 국정자문위원회와 전문가 그룹의 참여는 물론 '광화문 1번가' 등 온·오프라인을 통한 국민제안 18만 건 수렴 등의 국정계획 수립과정을 소상히 설명했다. "국민의 나라, 정의로운 대한민국"이라는 국가비전과 '국민이 주인인 정부' '더불어 잘 사는 경제' '내 삶을 책임지는 국가' '고르게 발전하는 지역' '평화와 번영의 한반도' 등 새 정부의 5대 목표가 가슴에 와 닿았다.

| 국가비전 | 국민의 나라 정의로운 대한민국 | | | | |
|---|---|---|---|---|---|
| 5대 국정목표 | 국민이 주인인 정부 | 더불어 잘사는 경제 | 내 삶을 책임지는 국가 | 고르게 발전하는 지역 | 평화와 번영의 한반도 |
| 20대 국정전략 | 1. 국민주권의 촛불 민주주의 실현 | 1. 소득 주도 성장을 위한 일자리경제 | 1. 모두가 누리는 포용적 복지국가 | 1. 풀뿌리 민주주의를 실현하는 자치분권 | 1. 강한 안보와 책임국방 |
| | 2. 소통으로 통합하는 광화문 대통령 | 2. 활력이 넘치는 공정경제 | 2. 국가가 책임지는 보육과 교육 | 2. 골고루 잘사는 균형발전 | 2. 남북 간 화해협력과 한반도 비핵화 |
| | 3. 투명하고 유능한 정부 | 3. 서민과 중산층을 위한 민생경제 | 3. 국민 안전과 생명을 지키는 안심사회 | 3. 사람이 돌아오는 농산어촌 | 3. 국제협력을 주도하는 당당한 외교 |
| | 4. 권력기관의 민주적 개혁 | 4. 과학기술 발전이 선도하는 4차 산업혁명 | 4. 노동존중 · 성평등을 포함한 차별 없는 공정사회 | | |
| | | 5. 중소벤처가 주도하는 창업과 혁신성장 | 5. 자유와 창의가 넘치는 문화국가 | | |

## 역사와 정치의 왕따, 동남권 가야연맹

그동안 나의 주요 관심사는 역시 100대 과제에 속한 '가야사 복원 연구'였다. 어쩌면 우리는 역사도 쌍안경이 아니라 보수와 진보라는 어느 한쪽의 외눈박이 안경으로 보아온 것이 아닐까 하는 생각에서였다. 박근혜 정부는 최순실 사태 전에도 '국정 교과서'라는 퇴행적 역사교육정책으로 국민갈등을 부추긴 바 있다.

박정희 대통령 시절 신라고도 경주와 대가야 유적지 고령, 2인자 김종필의 백제고도 부여, 공주는 일찌감치 연구복원을 거쳐 국제적인 관광지로 성장했다. 그런데도 가야의 종주국이라는 금관가야 땅 김해나 함안(아라가야), 창녕(비화가야), 고성(소가야), 다라고분군을 위시한 합천지역, 7천 년 전 인골人骨에서 유럽인의 모계母系 DNA가 나와서 세상을 놀라게 했던 가덕도 신석기 유적, 동래 복천동 고분을 포함한 부산지역 등 영남 동남부의 가야권 유적은 늘 소외되어 왔다. 심지어 고구려, 백제, 신라, 가야가 공존했던 5백 여 년이 '사국시대'가 아닌 '삼국시대'로 불리고 있으니 가야가 역사적 왕따를 당해온 지 어언 1500년에 달한다. 그런 가야가, 마침내 부활의 날갯짓을 시작하고 있었다.

'가야'라고 하면 경남에서는 김해시를, 경북에서는 고령군을 생각한다. 김해의 가락국이 전기 가야연맹을, 고령의 대가야가 후기 가야연맹을 이끌었다는 역사학적 해석이 작용했겠지만 가야사에 대한 일반인들의 관심도가 낮다는 것도 그 이유일 것이다. 따라서, 새 정부의 가야사 연구 복원사업은 우리 고대사의 빈자리로 남아 있는 기원紀元 전후부터 약 5백년간을 채우는 것은 물론, 가야문화권 전 지역 영 · 호남인들의 관심과 긍지를 높이고 동서화합에도 기여하는 정말 의미 있는 과제였다.

더욱이 이 사업은 우리 양산시에도 절호를 기회를 부여했다. 양산을 빼고는 가야를 이야기할 수 없는 역사적, 사회적, 지정학적 이유들이 차고 넘치기 때문이다.

가야사 복원이란, 단순히 "가야가 있었다."는 사실을 입증하는 과정이 아니다. 매사에는 기승전결起承轉結의 과정이 있는 법이다. 가야의 흥망성쇠, 건국부터 신라병합에 이르는 과정과 그 이후 가야-신라의 융합 등 많은 부분에서 역사의 무대였던 우리 고장 양산의 역할을 규명하는 것 또한 가야사 복원의 중요한 요소가 아닐 수 없다.

### 가야보다 더 찾기 어려운 양산의 뿌리

이웃 김해시의 인터넷 홈페이지에서 는 오랫동안 '가야사'라는 코너를 운영했다. 가락국은 물론 가야의 역사 전반을 소개하고 있다. 김해에 유리한 내용 뿐 아니라, 학계의 여러 학설까지 소개된 소상한 내용이다. 그런데 우리 양산시청 홈페이지는 지금껏 아무리 둘러봐도 향토의 역사를 소개하는 코너가 없다.

물금신도시 조성과 웅상지역 성장으로 인구는 급속히 불어나는데, 새로이 양산시민이 된 후 향토의 역사문화를 알고 싶은 분들은 얼마나 답답할까 싶다.

이번에는 인터넷 포털 사이트에서 '양산시'를 검색해 보자.

> "낙동강 · 남해와 신라의 수도인 경주를 연결하는 통로에 위치했던 이곳은 일찍이 신라의 세력권에 편입되었으며, 통일신라시대의 행정구역 개편 때 구주九州의 하나인 양주梁州를 두고, 1주州 1소경小京 12군郡 34현縣을 관할하게 했던 중요한 지역이었다.…."

(DAUM 백과)

| 418년 | | 757년 | | 940년 | | 1413년 | | 1996년 |
|---|---|---|---|---|---|---|---|---|
| 삽량주 (歃良州) | → | 양주 (良州) | → | 양주 (梁州) | → | 양산군 (梁山郡) | → | 양산시 (梁山市) |

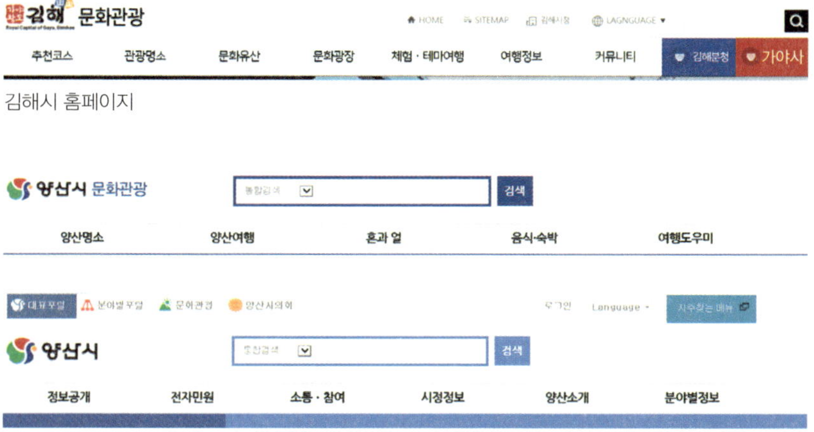


김해시 홈페이지

양산시 홈페이지

"신라 눌지왕 때 삽량주(歃良州/揷梁州)라 불렀다. 통일신라의 9주5소경 중 양주梁州, 고려시대까지 쭉 양주라 하였고 조선에 들어와서는 1413년 양산군梁山郡으로 명명되었다. 1897년에는 양산군을 8면으로 정했는데…."

"경주와 금관가야의 중심이었던 김해의 사이에 위치하고 또, 낙동강 하구 물금에서 언양에 이르는 긴 골짜기는 낙동강과 경주를 연결하는 긴 통로이며, 『삼국사기』에도 신라와 가야가 전투를 벌인 기사가 여러 차례 보이는 것으로 보아서 두 세력이 충돌하다 일찍부터 신라의 세력권으로 편입된 지역으로 보인다. 또한, 665년(문무왕 5)에 신라가 상주(上州: 지금의 尙州) · 하주(下州:지금의 昌寧)를 개편해 양산지방에 삽량주揷良州를 신설한 것으로 보아 삼한시대의 양산은 한반도 남동지역에 존재하고 있던 변진 24국 중에서 불사국不斯國과 호로국戶路國에 속했음을 알 수 있다.…" (한국민족문화 대백과사전)

그나마 한국민족문화 대백과사전이 가장 상세한 내용을 싣고 있다. 말미에서는 양산지역이 변진의 불사국이나 호로국에 속했다고 밝히고 있다. 그런데 같은 사전의 '불사국' 항목은 그 위치를 지금의 창녕으로, '호로국' 항목은 위치를 경상북도 상주시 함창읍 또는 영천시 일대로 추정하는 학설만 소개하고 있다. 말하자면 상주권역의 변두리와 창녕권역의 변두리를 조금씩 잘라내어 삽량주를 신설했다는 것이니, 신라시대(665년) 이전 양산지역은 실체가 없었다는 이야기가 된다. "일찍이 신라에 편입되었다"고 했지만, 그 '일찍이'가 언제쯤인지조차 짐작할 수 없다.

## 양산은 가야 땅인가, 신라 땅인가

나는 어린 시절부터 향토사와 지역문화에 관심이 많았다. 언젠가 내가 꿈꾸는 일을 다 마치고 나면, 여생은 향토사를 연구하고 지역 문화예술인들을 후원하는 일에 바치고 싶다는 목표도 가지고 있다. 40대 초에 양산문화원 이사를 지내면서 혹은 그 이전부터 나름대로 지역을 누비며 옛 유적을 더듬었고, 어른들을 찾아 고사古事에 귀를 기울이다 때로는 열띤 토론도 벌였다.

그 시절, 우리 마을의 지명유래를 두고 아버지뻘 되는 어른과 격론을 벌였던 기억이 지금도 생생하다. 나는 수로왕 때의 고찰이라는 배냇골 신흥사 창건담, 가야 왕조 마지막 왕자 김무력(김유신의 할아버지) 공의 무덤과 사당이 있는 영축산의 위치, 양산 땅에서 김해로 넘어갔다가 부산이 된 대저동大渚洞 등 여러 상황을 볼 때, 지금의 양산천이 옛 가야와 신라의 나라 경계 즉 '국계國界'를 의미한다고 주장했다. 신라가 강성해 국경선이 낙동강으로 이동하면서, 그 흔적으로

일제시대 '국계(개)다리'의 모습

남은 것이 국계라는 이름이라고 짐작해 본 것이다.

어릴 적 국계(국개)다리 앞에는 서너 채의 주막이 있었는데, 어른들은 '검문소 주막'이라 불렀다. 혹시나 해서 일제시대에 검문소가 있었는지 알아보았지만, 그것도 아니었다. 언제부턴가 모르지만 아득한 옛날부터 그렇게 불러왔다는 것이었다. 그렇다면, 신라와 가야의 국경에 있던 검문소가 오랜 세월 구전되어 온 것은 아닐까 짐작해 보기도 했다. 또 한 가지, 영축산과 천성산에서 발원해 호포로 흘러가는 이 물이 양산에 있던 소국의 중심하천으로, '나라의 갯가'라 하여 '국개'라 불리었을 가능성도 있다.

그러나 그 어른은 정확한 구전口傳이 '국회'라고 했다. 나라 '국國'에 재 '회灰'자를 써야 한다는 주장이었다. 의미를 풀이해 달라고 따지듯 여쭙자, 그분은 슬며시 입을 다물었다.

나는 유적답사와 함께 시간 나는 대로 관련 논문이나 책들도 적잖이 섭렵했다. 자료들을 요약하면 양산지역에 독자적인 소국小國이 있

현재의 영대교 모습(옛 국계다리)

었다는 주장과 동래의 독로국瀆盧國에 속했다는 두 가지 설, 초기에는 가야권에 속했다가 가야가 쇠퇴하면서 김해지역보다 먼저 신라에 편입되었다는 정도였다.(독로국도 동래가 아니라 거제도라는 학설이 있다.)

『삼국유사』나 『삼국사기』 등 우리 역사서들은 '5가야설' '6가야설' 등을 취하고 있으나, 두 책은 가야 멸망 후 5세기나 지난 고려의 입장에서 편찬되었다. 반면에 중국의 진수(陳壽, 233~297)가 서기 290년경에 저술한 중국 역사서 『삼국지三國志』 위지魏志 동이전東夷傳의 변진弁辰조는 가야(弁韓)와 신라(辰韓)를 합쳐 '변진 24국'으로 기록했다. 신라, 가야와 동시대에 써진 책이고 외국의 기록이라는 점에서 상당 부분 그 객관성을 인정받고 있다.

실제로 『삼국사기』도 "내해이사금 14년(209) 포상8국(浦上八國, 바닷가에 위치한 여덟 나라)이 가라加羅를 침략하려고 꾀하매 가라의 왕자가 신라에 구원을 청하였다. 이에 태자 우로于老와 이벌찬伊伐飡 이음利音이 6부의 군대를 이끌고 가서 구원하여 8국의 장군을 죽이고, 그들이 잡아간 6,000명을 빼앗아 돌려보내 주었다."(「신라본기」 권2)고 하여, 남해안에만도 여덟 개의 소국小國이 있었음을 밝히고 있다.

같은 책 '물계자전'에는 골포국(骨浦國, 지금의 창원), 칠포국(柒浦國, 지금의 함안군 칠원), 고사포국(古史浦國, 지금의 고성) 등이 보이고, 『삼국유사』 '물계자전' 역시 사물국(史勿國, 지금의 사천), 고자국(古自國, 고사포국? 지금의 고성),

보라국(保羅國, 위치 미상) 등 포상8국의 이름을 전하고 있다. 신라 · 가야권역에 적어도 24개, 혹은 그 이상의 여러 소국들이 활약한 사실을 알 수 있다.

『삼국지』가 전하는 '변진 24국'을 살펴보면, 특이한 점이 있다. 나라 이름 앞에 '변진' 혹은 '변弁'자가 붙은 나라와 그렇지 않은 나라로 나뉜다는 것이다. 두 나라 권역에 위치하면서, 연맹에 가입한 나라는 '변진', 그렇지 않은 나라는 독자적인 이름을 쓴 것이 아닐까.

## 양산, 신라 – 가야를 이어 준 골든 루트(Golden root)

신라(경주)에서 가야(김해)로 가기 위해서는, 낙동강이라는 큰물을 건너야 한다. 양산 땅을 밟지 않고는 방법이 없다. 밀양을 이용할 수도 있겠지만, 너무 멀고 험하다. 평화시에는 굳이 둘러 갈 이유가 없고, 전쟁시에는 확실한 가야영역인 밀양(변진 미리미동국)의 변경에서부터 김해까지 뚫고 들어가자면 큰 희생을 각오해야 한다. 경주–언양–국계–가야진–상동면–김해 코스는 두 나라를 최단거리로 연결하는 '국제 고속도로'라고 할 수 있다. 결국 양산은, 뛰어난 철기문화로 '쇠(金)의 나라'라 불렸던 가야와 화려한 금(金) 장식 부장품으로 '황금의 나라'라 불리는 신라를 잇는 '골든 루트(Golden root)'였던 것이다.

따라서, 어느 한쪽이 양산을 차지하면, 다른 한쪽은 치명적인 위험을 안게 된다. 나는 바로 여기에 양산의 고대국가에 대한 힌트가 들어있다고 생각한다. 양산지역 소국은, 그 이름이 무엇이든 정치적으로 신라–가야 사이에서 완충지대 역할을 한 일종의 '중립국가'가 아니었을까 하는 점이다.

개국 초기 가락국은 신라의 국력을 앞섰던 것으로 여겨지고 있다.

신라가 연맹 내 소국끼리 벌어진 분쟁을 해결하지 못하고 수로왕을 초대해 판결을 부탁한 데서 알 수 있는 사실이다.

『삼국사기』의 기록이다.

> 파사니사금 23년(102년) 음즙벌국이 실직곡국과 경계를 다투다 왕에게 와서 해결을 청하자, 왕이 이를 난처하게 여겨 "금관국 수로왕이 나이 많고 지식이 많다."며 그에게 물었더니 수로는 분쟁이 난 땅을 음즙벌국에 속하게 하였다. 이에 왕은 6부에 명하여 잔치를 열었는데, 유독 한지부漢祇部만 지위가 낮은 자를 대표로 보냈다. 분노한 수로왕은 종(奴)을 보내 한지부 촌장을 죽이고 돌아갔다. 그런데 신라는 그 종을 잡는다는 명분으로 음즙벌국을 쳐서 정복하고, 실직곡국까지 항복을 받아낸다. 그야말로 종로에서 뺨맞고 한강에서 눈 흘기는 꼴이다. 파사니사금은 자국의 고위급 관리가 살해되는 수모를 겪고도 주모자인 가야의 수로왕에게는 감히 대적하지 못했던 것이다.

그런데, 그 20여 년 전에는 신라가 가야와 격돌해 대승을 거둔 기록이 있다.

> "탈해니사금 21년(77년) 8월, 아찬 길문吉門이 황산진구黃山津口에서 가야병加耶兵과 싸워 1천 여 명을 목 베었다'." (『삼국사기』)

> "파사니사금 1년(96년) 9월 가야에서 남비(南鄙, 남쪽 변경)를 침입해 가성주 장세長世를 보내 막게 했더니 적에게 죽었다. 왕이 노하여 용사 5천을 거느리고 나가 싸워 적을 깨트리니 포로가 매우 많았다. 18년 정월 군사를 일으켜 가야를 치려 하자 그 왕이

사신을 보내 사죄하므로 그만두었다."

그러나 이후로 한동안 『삼국사기』에는 주로 신라의 패전기록이 이어진다.

> "지마니사금 4년(115년) 봄 2월 가야가 남쪽 변경을 침입했다. 가을 7월에 왕이 친히 가야를 정벌하기 위해 보병과 기병을 거느리고 황산하黃山河를 건넜다. 가야인이 숲속에 군사를 숨기고 기다리고 있었는데 왕이 알지 못했다. 똑바로 나아가니 가야 복병이 일어나 몇 겹으로 에워쌌다. 왕이 포위망을 뚫고 퇴각했다."
>
> "지마니사금 5년(116년) 가을 8월에 장군을 보내 가야를 치게 하고, 왕이 직접 정병精兵 1만을 이끌고 뒤따랐다. 가야가 성을 굳게 닫고 지켰다. 오랫동안 비가 내리므로 돌아왔다."

읍즙벌국과 실질곡국 사태 당시(102년)는 이미 힘의 우위가 가야로 기울어 한동안 유지됐다는 사실을 시사한다.

## 양산, 신라-가야간 '중립지대' 독립국가

주목할 부분은, 전투의 대부분이 황산하(黃山河, 지금의 낙동강), 즉 원동의 가야진이나 물금에서 낙동강을 오가며 벌어진 점이다. 그런데도 격전의 현장이었던 양산은 군사나 물자 차출, 인명 피해 등이 전혀 감지되지 않는다. 신라나 가야 그 어느 쪽이 양산의 소국을 침략한 기록도 찾을 수 없다. 신라와 가야는 양산을 서로 제 땅처럼 넘나

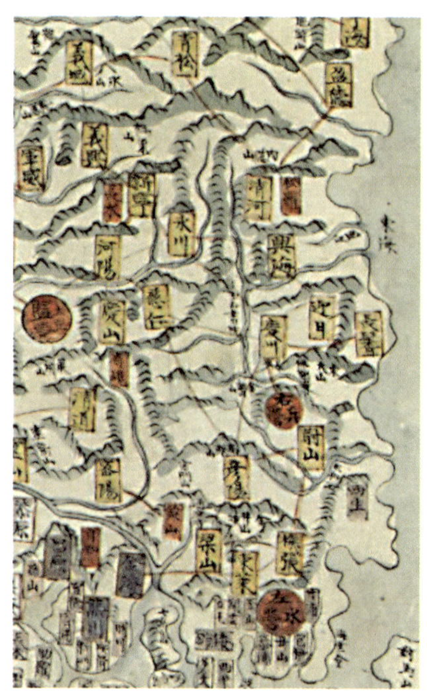

1770년대 지도 지승. (부분) 파란색으로 표시된 김해에서 낙동강을 건너 양산-언양-경주, 혹은 양산-동래-기장-울산-우병영-경주로 이어지는 도로망이 선명하다.

들면서도 그 주인인 양산사람은 절대 해치지 않고 전쟁을 벌인 것이다.

어떻게 그런 일이 가능하냐고 한다면, 오늘날의 스위스가 예가 될 수 있다. 17세기 신성로마제국을 중심으로 신·구교간에 벌어진 종교전쟁이 전 유럽으로 확대되자, 그 중심부에 위치한 스위스는 국경을 봉쇄하고 전쟁 불개입, 즉 중립을 선언했다.

1815년, 나폴레옹 전쟁 후 유럽 재편을 위해 개최된 빈 회의(Congress of Vienna, 1814~1815) 에서는 국제협약을 통해 이를 보장받았다. 트럼프 대통령 1기때의 미국-파키스탄 갈등도 눈여겨 볼만하다. 트럼프 대통령은 "미국은 지난 15년간 파키스탄에 330억 달러(약 35조 559억 원)를 지원했지만, 파키스탄은 우리를 속이고 있다."며 원조지원 중단을 선언했다. 그러나 파키스탄은 "두려울 것 없다."면서 미국에 고개를 숙이지 않았다. 파키스탄을 통과하지 못하면 아프간전에 투입된 미군의 보급 루트가 끊어지는 미국 역시 어려움에 처하게 된다는 사실을 알기 때문이었다. 1592년, 우리 땅을 지옥으로 끌고 갔던 임진왜란 역시, 그 시작은 이른바 '정명가도征明假道' 명나라를 치고자 하니 길을 빌려 달라는 일본의 요구로 시작되었다. 국제관계에서 길(root)이란 이처럼 복잡하고 미묘한 기반시설이다.

가야진사 앞의 낙동강. 건너편은 옛 가야 땅인 김해시 상동면 용산이다.

양산 남부동과 다방동, 물금읍 상리 등 3세기 이전 조개무지에서 나온 유물들과 그 이후 시기의 토기들도 김해지역의 가야문화와 일치하고 있다. 신라가 '가야땅 양산'을 거쳐 김해와 전쟁을 했다는 사실은, 양산이 가야권에 속하면서도 어느 쪽에 끌려가지 않고 정치적 중립을 지켰을 가능성을 높여주는 요소라 믿는다.

여러 해 전 양산문화예술회관에서 한반도문화재연구원 주관으로 열린 가야사 학술대회 내용도 나의 견해와 크게 어긋나지 않았다. 이영식 인제대 교수는 양산지역을 가야 세력으로 보고, "5세기 중반까지는 체제를 유지했다."고 판단했다. 이주헌 국립부여문화재연구소장은 한 걸음 더 나아가 "502년 지증왕의 순장금지 조치에도 불구하고, (그 이후인) 6세기 2/4분기 무덤인 부부총은 순장을 실시하는 등 (양산에) 강력한 가야세력이 형성된 것"이라고 분석했다. 6세기 2/4분기라면 김해의 가야가 멸망한 지 20~30년이 지난 시기이다. 신라와 가야가 치열하게 전쟁을 하는 동안 길은 빌려주어도 싸움에는 끌려들지 않았던 양산인들이, 김해의 가야가 멸망한 후에도 꿋꿋이 그 문화전통을 이었을 정도로 힘과 고집을 갖추었던 것이다.

## 김해의 가야 멸망, 그 후손들의 행적

김해의 가야(가락국)가 멸망한 후에도, 중립지대 양산의 역할은 여전히 살아 있었다. 먼저, 『삼국사기』와 『삼국유사』에 실린 가락국의 마지막 장면을 옮겨본다.

> "금관(본가야)국주 김구해仇亥(혹은 구충)가 왕비와 세 아들, 장남 노종奴宗, 둘째 무덕武德, 셋째 무력武力과 더불어 나라곳간의 보물을 가지고 투항하기에 왕은 예禮를 갖춰 대접하고 상등上等의 지위를 주어 그 본국을 식읍食邑으로 주었다. 그 아들 무력은 조정에 벼슬하여 각간角干에 이르렀다."
>
> (『삼국사기』「신라본기」 법흥왕 19년)

"…적의 수는 많고 이쪽은 적어서 대적할 수 없었다. 이에 동기同氣(형제) 탈지이질금脫知尒叱今을 본국에 머물러 있게 하고, 왕자와 장손 졸지공卒支公 등은 항복하여 신라에 들어갔다. 왕비는 분질수이질分叱水尒叱의 딸 계화桂花로 세 아들을 낳으니 첫째는 세종世宗각간, 둘째는 무도茂刀각간, 셋째는 무득茂得각간이다.…"(『삼국유사』「가락국기」'구형왕'조)

그러나 김해 수로왕릉의 숭선전崇善殿 신도비문神道碑文에는 구형왕의 행적을 "신라가 강성하여 자주 침노하였으므로 구형왕이 백성이 많이 죽는 것과 또한 자신의 세대에 나라가 망했다는 소리를 남길 수 없다 하여 아우에게 왕위를 넘기고 태자, 비妃, 빈嬪을 거느리고 방장산方丈山(지리산)의 태왕궁으로 들어갔다."라고 기록돼 있다.

실제로 산청의 지리산 자락에는 구형왕릉으로 알려진 돌무지가 남아 있다. 산청군 금서면 화계리 산16번지에 있는 '전傳 구형왕릉'은, 잡석을 계단식으로 쌓아 위로 갈수록 좁아지는 탑 모양을 하고 있다. 약 200년 전 마을 사람들이 우연히 왕산사 법당 들보에 올려 둔 큰 목궤를 발견해 열어보자, 구형왕 부부의 영정과 옷, 활, 칼 등 유물과 함께 명승 탄영坦漢의 「왕산사기王山寺記」가 나와 돌무지가 구형왕릉임을 알게 되었다고 한다. 조선 후기 문인 홍의영(洪儀泳, 1750~1815)이 「왕산심릉기王山尋陵記」에 "근처의 왕산사에 전해오는 「산사기권」에 '구형왕릉'이라고 적혀 있었다."고 한 것이 첫 기록이다.

밀양에는 또 다른 기록이 전한다.

『밀주지密州誌』의 상서면(지금의 초동면) '이궁대離宮臺'조는 "세상에 전하기를… 가락왕 구형이 여기로 와서 항복했다.(世傳新羅智證王 欲并江右命異斯夫 陣于此 西侵大伽倻 南伐伽倻. 逮其子法興王時 駕洛王仇衡 來降於此)"고 적었다.

특히 『밀주지密州誌』는 이궁대 주변에 "가락의 산천은 수심어린 안개에 잠겼는데, 구형왕은 어찌 '영산'에 춤이나 추는가(駕洛山川愁黛色仇衡何忍舞靈山)"라는 시詩가 전한다고 밝히고 있다. 이 글의 원주原註에 "'영산'은 신라 음악의 한 곡명"이라 하였으니, 문맥상으로 볼 때 묘한 여운을 남긴다. 신라에 투항한 구형왕이 이궁대에 거처하면서 신라음악에 맞춰 춤을 즐기자, 망국 가야의 유민들이 이를 비꼰 내용이라 짐작되기 때문이다. '이궁離宮'이 '떨어져 있는 궁궐'을 뜻한다는 점을 감안하면 더 앞뒤가 맞아든다.

여러 기록에서 가락국 마지막 왕이나 세 아들의 이름이 제각각인 것은, 우리말을 한자음으로 표기할 때의 차이나 전승과정의 오기誤

구형왕과 왕비의 영정

記로 보인다. 그러나 신라 투항 이후 구형왕의 행적에는 분명한 차이가 있다. "왕비와 아들들을 이끌고 신라로 옮겨갔다." "지리산으로 들어갔다." "밀양의 이궁에 살았다." 등 다양하게 나뉘는 것이다.

차후 부흥운동 등 소요가 일어날 가능성을 생각하면, 신라가 구형왕과 후손들을 가야의 수도 김해에서 다른 곳으로 옮긴 것은 분명한 사실일 것이다. 또, 왕실의 적통嫡統을 인질로 잡아 둘 경우 민심을 누르는 효과가 가장 확실하다는 점에서, 구형왕이 형제(동생)인 탈지 이질금에게 본국(가야)을 맡기고 장남인 노종 혹은 세종, 그 아들인 장손 졸지공과 함께 신라(서라벌)로 들어갔다고 상세히 기록한 『삼국유사』「가락국기」에 신빙성이 실린다. 신라 투항 이후 이들에 대한 기록이 끊어진 점 역시 그 가능성을 뒷받침하고 있다. 경주에서 볼모로 잡혀 조용히 살아갔으리라.

구형왕릉

## 정복국 신라의 볼모가 된 구형왕

반면 구형왕의 종가宗家를 제외한 나머지 후손들은 신라에 합류해 활발히 활동했다. 구형왕의 셋째 아들 무력의 벼슬이 각간에 이른 것이 단적인 예이다. 창녕 척경비(국보 제33호, 561년 건립) 등 진흥왕순수비에는 왕의 행차를 수행했던 인물들 가운데 '무력지武力知 아간지阿干支'로 등장하는데, 이때의 '지'는 '○○님'이라는 의미의 존칭에 해당한다. 아간阿干은 골품제로 이루어진 신라의 관등제에서 17등급 중 6등급이다. 신라 왕실의 성골(직계 왕족)이나 진골(왕족) 이 아닌 한 오를 수 있는 최고직급이었다. 구형왕이 신라에 편입되면서 진골로 예우 받았다고는 하지만, 김무력은 훗날 17등급보다 위에 있는 최고위직 각간까지 올랐던 것이다.

신분의 한계를 뛰어넘은 김무력의 출세 배경 중 가장 큰 부분은 그의 탁월한 무공武功이었다. 신라는 진흥왕 시절 백제, 고구려 등과 한강유역을 두고 치열히 경쟁하는데, 553년 마침내 이를 차지해 신주新州를 설치했다. 무력은 이 과정에서 눈부신 활약으로 아간 관등을 받고 신주의 초대初代 군주郡主로 취임했다. 이듬해에는 백제 성왕聖王이 직접 관산성(管山城, 지금의 옥천)을 침공하자 이에 맞서 성왕과 좌평(佐平, 백제의 최고위 관직) 4명, 병사 29,600명 등을 전멸시켰다. 왕권 강화와 통치체제 개편, 불교 일본 전파 등 전성기를 구가하며 성군聖君으로 추앙받던 성왕의 전사戰死는 백제 몰락과 삼국통일의 기초가 되었다. 김무력의 공로는 각간에 오르고도 남았음직 하다.

## 신라의 전쟁영웅 김무력, 양산에 묻히다

무력은 바로 김유신 장군의 할아버지이다. 김유신은 백제 토벌 후 '대각간'에 올랐다가 삼국통일 후에는 '태대각간'이 되었다. 모두 그를 위해 특별히 마련한 벼슬이었다. 사후에는 흥무대왕興武大王이라는 시호를 받았다.

가야의 마지막 왕자에서 정복국 신라의 전쟁영웅이 되어 왕으로까지 추앙받은 그의 심사는 어땠을까. 그들이 가졌을 인간적 고뇌의 깊이를 알 수는 없지만, 김무력의 활약이 신라에서 '가문의 영광'을 향한 새로운 길을 열게 되었다는 점만은 분명하다.

신라의 첫 가야 출신 전쟁영웅인 김무력 장군의 무덤이 양산에 있다는 사실도, 우리에게 많은 것을 생각하게 한다. 『삼국사기』 등을 통해 파악되는 공의 행적은, 관산성 전투로 무공을 인정받고 신주군주, 신주도행군총관新州道行軍摠管을 지낸 외에는 자세하지 않다. 하지만 무덤은 신라의 서라벌이나, 적어도 고향인 김해에 있어야 한다.

통도사 경내의 김무력 장군 무덤(양산문화대전 사진)

그런데 양산의 하북면 지산리 영축산 기슭 고분이 그의 무덤으로 전해오는 이유는 무엇일까. 근처인 지산로 204(지산리 507-2)에는 그와 아들 김서현金舒玄 공을 모신 취서사鷲棲祠와 취산재鷲山齋가 있다.

양산과의 인연은, 아들 서현이 우리 양산을 관장한 양주良州총관으로 도임하면서 시작된 것으로 보인다. 서현은 숙흘종肅訖宗의 딸 만명부인과 야합하여, 지금 표현으로 하자면 '혼전 동거'를 시작했다. 숙흘종은 바로 진흥왕의 동생이었으니, 신라 왕실의 핵심 권력층 딸이었다. 서현은 비록 전쟁영웅 김무력공의 아들이라고 하지만, 망국 가야의 후손으로 '이름만 진골'인 빈약한 가문 출신이었다. 당연히 처가의 반대가 극심했지만, 만명공주는 이미 배가 불러오고 있었다. 마침 서현공이 만노군(萬弩郡, 충북 진천) 태수, 변두리 군수 자리에 발령을 받자 야반도주해 남편과 합류, 김유신 장군을 낳았다. 왕실에서도 결국 사위를 받아들이는 수밖에 없었다.

얼마 후 서현공은 우리 고장 양주良州의 총관이 되어 부임한다. 충청도 변방에서 서라벌 인근 '수도권'으로 들어오게 된 것이다. 단지 아내를 잘 얻은 '처가 덕'인지, 아니면 또 다른 이유가 있었는지 궁금해진다.

생각해 보자. 가야 왕자 무력이 신라의 장군이 되더니, 가는 곳마다 연전연승해 그 명성이 하늘 모른 듯 치솟았다. 마침내 백제왕과 백제군의 최고 지휘부를 전멸시킨다. 이쯤 되면 그 소식은 고향인 옛 가야 땅에도 전해졌을 것이다. 거기다 소문이란 입을 건널 때마다 조금씩 부풀려지기 마련이다.

> "무력장군이 그 뛰어난 백제왕을 죽였다는데 신라왕인들 못 이기겠는가." "우리 왕자 무력장군이 곧 군사를 일으켜 신라를 무너뜨리고 돌아 올 것이다." "아니다, 신라 땅까지 합해서 가야를 다시 세우고 왕이 된다더라."

가락국의 유민들 사이에 유언비어가 퍼지고, 만에 하나 김무력이 혹하기라도 하면 신라로서는 큰일이 아닐 수 없다. 밖으로 백제, 고구려와의 전쟁이 갈수록 치열해지는 판국에 통일은 차치하고 나라가 흔들리게 될 판이다. 무력장군의 위명이 자자한 충청도로부터 아들 서현을 떼어 놓아야 할 필요를 느꼈던 건지도 모른다. 그렇다고 서라벌에 두자니, 이미 볼모로 와 있는 할아버지 구형왕이나 그 태자인 백부 세종(혹은 노종) 등과 뜻을 모아 정말 큰일을 도모할지도 모른다. 서라벌과 적당히 거리를 두면서도 가까운 곳, 옛 중립국 양산이야말로 서현을 붙들어두기에 최적의 위치가 아니었을까.

서현은 양주총관으로 있으면서 백제와의 전투에서 여러 번 전공을 세웠고 진평왕 51년인 629년에는 소판으로 재직 중 아들 유신과 함께 수적 열세에도 불구하고 고구려 낭비성(娘臂城, 충북 청원군)을 쳐서 빼앗았다. 서현은 대양주도독을 거쳐 소판(蘇判, 제3관등)에 오른 이후로 행적이 자세히 전해지지 않는다. 『삼국사기』 태종무열왕조에는 각찬(角粲, 각간과 같은 말로 제1관등)이라고 나와 있다. 『삼국유사』에는 각간角干 안무대양주제군사按撫大梁州諸軍事로 나온다.

아버지 무력은 충청 · 경기지방을 관장하는 신주新州에서 삶을 마쳤고, 양산에 있던 서현이 모셔와 영축산에 안장했다면 앞뒤가 자연스럽다. 서현 역시 양산에서 생을 마친 것으로 추정되는데, 관등이 각간에 이르렀는데도 중앙관직이 아니라 '안무대양주제군사'로 기록된 것이 이를 증명한다. 벼슬이 올라도 임지를 옮기지 못하도록, 양주(양산)의 격을 올려 직급에 걸맞은 직책을 부여한 것이다.

### 김서현 공 · 만명공주 부부의 무덤, 북정리 10호분

김서현 공의 생애를 그려보면, 양산시민들이 사적 93호인 '양산 북정리 고분군' 제10호분인 '부부총'을 김서현 장군과 만명부인의 묘소라 믿고 있는 것도 타당한 일이다.

봉분은 지름 27m 높이 약 3m에 달한다. 매장시설은 수혈계 횡구식 석실분竪穴系橫口式石室墳으로, 동서 방향의 장방형 석실은 길이 5.49m, 너비 2.27m, 높이 2.58m이다. 1920년 일본인 오가와(小川敬吉) 등이 처음 발굴했고, 1990년 동아대학교 박물관이 다시 조사했다.

조사에 따르면, 부부총은 서기 500년대(6세기)의 무덤이다. 범위가 넓기는 하지만, 김서현공의 생애와 겹치는 시대이다. 석실의 동 · 남 · 북벽은 반듯하게 수직으로 쌓아올렸고 큰 돌 7매를 가로 걸쳐 뚜껑을 덮었다. 동쪽 벽에 붙여서 넓이 약 70㎝ 정도의 부장품 구역을 설치하고, 높이 7.6m, 길이 2.8m의 석단石壇에 화려한 장신구를 착용한 남녀 2구의 시신을 나란히 눕혔다.

출出자 모양의 장식이 달린 금관(金銅製出字形冠飾), 금제 귀걸이, 유리 목걸이, 은제 허리띠 · 반지, 금동 신발을 비롯한 유물이 5백점에 달했다. 시신의 왼쪽과 오른쪽에는 삼루 환두대도(三累環頭大刀)와 방두대도方頭大刀가 놓여 있었다. 남쪽 피장자가 남성 북쪽이 여성으로, 먼저 남성을 묻었다가 후에 여성을 합장한 것으로 조사되었다.

두 사람의 발치에는 머리를 남쪽으로 둔 3구의 인골이 누워 있었다. 부장품으로 보아 세 사람은 하인이나 노예 등 순장자殉葬者로 판단되었다. 조사자들은 화려한 장신구와 토기, 무기류 등 부장품이 경주지역 출토품과 유사하면서 재질은 한 등급 정도 낮아 양산지역 지배자의 무덤으로 결론지었다.

양산유물전시관(현 시립박물관)은 지난 2013년 말부터 이듬해초까지 '백년만의 귀향, 양산 부부총 특별전'을 열고, 이 무덤의 특징을 "겉은 가야, 속은 신라"라 평했다. 구릉지대에 위치한 점과 석실의 방향 등 조영造營 양식은 가야계, 부장품은 신라계에 속한다는 점을 강조한 말이다.

그러나, 무덤 안의 풍경 역시 강력한 '반反 신라적' 요소를 보여주고 있다. 신라 지증왕 시절 "즉위 3년(502년) 3월 명命을 내려 순장을 금했다. 전에는 국왕이 돌아가면 남녀 각 다섯 사람을 순장했는데, 이때에 이르러 그것을 금하게 되었다."(『삼국사기』 '지증마립간'조)는 기록이 있으니, 왕명에도 아랑곳 하지 않고 순장을 버젓이 행한 부부총을 '속은 신라'라고 속단하는 것은 무리이다.

오늘날 우리가 사용하는 생필품이나 전자제품의 절대다수가 중국산이다. 세월이 흐른 후 21세기의 우리 유적에서 다량의 중국제 유물이 나왔다고 해서 대한민국이 중국에 속했던 것으로 단정하는 실

일제시대 부부총 발굴 현장 모습

수를 범해서는 안될 것이다. 부부총의 안팎은, 아무리 강조해도 '여전히 가야'에서 신라를 향해 조금씩 다가가고 있는 모습 정도로 평가되어야 한다.

강원도 정선의 두위봉에는 세 그루의 주목朱木나무(천연기념물 433호)가 서 있다. 가운데 거목은 추정 수령樹齡이 김유신과 '같은 연배'인 1천4백 살이다. 주목은 수명이 긴데다 죽은 후에도 오랫동안 삭지 않아 형체를 유지한 채 서서 견딘다. 그래서 "살아 천 년, 죽어 천 년"이라는 수식어를 얻었다.

우리 양산이 바로 이 주목과 같은 고장이라는 생각을 해 본다. 두 강국의 한 가운데 서서도 꿋꿋이 자주국가의 위상을 지켰고, 가야가 망한 후에는 오히려 신라에 굴하지 않고 가야의 문화를 이었다. 양산에 가야 후손 김서현 공을 배치해 정국을 안정시키고 민심이 저절로 신라로 돌아설 때까지 기다린 신라의 정책 역시 지혜로웠다. 양산은 가야와 신라의 교통허브이자 완충지대로 평화의 중재자였고,

일제의 발굴 보고서에 실린 부부총 내부의 도면

전쟁이 일어나도 중립을 통해 백성들을 지켰다. 두 나라가 병합한 후에는 급격한 문화충돌 대신 서로가 서서히 섞여갈 수 있도록 '융합'의 무대가 되었다. 무엇보다 두 나라 사이의 강소국强小國으로 결코 자치自治의 끈을 놓지 않았던 자랑스러운 양산, 우리 양산 없이는 가야사의 연구도 복원도 반쪽에 그치고 말 것이다.

역사는 돌고 돈다고 한다. 신라와 가야가 통합된 지 1600년이 지난 오늘, 부·울·경 통합이 논의되고 있다. 3개 시·도를 잇는 골든 루트, 혹은 골든 트라이앵글 양산이 다시 한번 그 가치를 발휘할 대이다.

## 가야의 힘, 양산에 있었다

가야를 흔히 '철鐵의 왕국'이라고 부른다. '해상海上 왕국'이라고도 한다. 철 생산이 활발했고 철 수출을 기반으로 해상교역을 펼쳐 국익을 누렸다고 해서 붙인 수사修辭들이다. 기원 전후 청동기 시대에 머물렀던 영남 일대는, 수로왕의 등장과 가야 건국 이후 일대 문화혁명을 이룩한다. 급속히 철기시대로 진입하는 것이다.

이는 일찍이 중국의 역사서에 기록된 내용과도 부합한다. 『삼국지』「위지」'동이전' 한조韓條의 변한弁韓(가야의 옛 이름)에 대한 설명이다.

> "나라에서 철을 생산하는데, 한, 예, 왜가 모두 와서 구해 간다. 시장에서 물건을 살 때도 철을 사용하는데, 마치 중국에서 돈을 사용하는 것과 같다. 여기서 생산된 철이 두 군(낙랑과 대방)에 공급된다(國出鐵, 韓濊倭皆從取之. 諸市買皆用鐵, 如中國用錢, 又以供給二郡)."

1990년대 학술조사를 실시한 김해 대성동 고분군(사적 제341호), 양동리 고분군(사적 제454호) 등에서는 엄청난 양의 철제 유물들이 발굴되어 세상을 놀라게 했다. 무덤 안에는 '중국의 돈과 같은' 쇳덩이(鐵鋌)들이 무더기로 쏟아져 나왔다. 말머리 가리개(甲冑), 등자 등 여러 점의 철제 마구馬具와 각종 무기류, 오르도스형 동복銅復 등은 북방

유목민족의 특성을 보여 일본 학계의 '기마민족설'에 대한 논란을 재촉발 시키기도 했다. 통형동기筒形銅器, 파형동기巴形銅器, 각종 벽옥제碧玉製 석제품石製品 등 왜계倭系 유물이 다량 출토된 것도 이색적이다.

이처럼 역사기록과 유물을 통해 확인된 '철의 왕국' 가야지만, 본질적으로 풀리지 않은 수수께끼가 있다. 막대한 철 생산과 교역을 통해 부富를 누린 김해지역에서, 정작 가락국 당시의 철 생산지나 제련시설이 발견되지 않고 있다는 점이다. 『세종실록』「지리지地理志」의 '김해도호부'편은 김해의 토산품으로 "사철(沙鐵 – 부府 동쪽 감물야촌甘勿也村에서 난다.)과 은석(銀石–부府 북쪽 사읍제산沙邑梯山에서 난다)이 나는데, 시험해 보니 쓰기에 맞지 아니하였다."고 적고 있다. 사철은 모래와 함께 물에 실려와 쌓인 쇳가루로, 품질이 아주 낮다.

## '철의 왕국' 명성 뒤집는 호남 동부권

나는 30대부터 중소기업을 경영하면서 철을 원자재로 하는 제품들을 주로 생산했다. 밤 새워 제품을 연구개발하는 과정에서 원자재의 품질이 제품의 품질을 좌우하는 첫째 조건이라는 사실을 여러 번 실감했다.

이 과정에서 우리 지역의 철광산업과 그 역사에 대해서도 자연스레 관심을 가지게 됐는데, 가야의 철에 대해 가장 먼저 품은 의문이 대규모 생산 · 가공시설이 나오지 않는다는 점이었다. 김해 봉황대유적(사적 제2호)의 주거시설에서 발견된 송풍관送風管 파편이 있지만, 대장간의 풍로 부속품 정도에 불과했다. 2007년 진영읍 하계 · 여래리 주거유적에서는 제련로製錬爐, 송풍관 등 철 생산 관련 시설이 일부 드러났으나 이 역시 소규모였다. 여기서 제련된 철의 채광지도

2017년 7월 전북지역 가야문화재 정비사업 협의차 장수군의 제철유적을 방문한 김종진 당시 문화재청장

확인되지 않았다. 대동면과 상동면 등에서는 철광의 존재가 확인되고 삼우철광, 해동광산, 김해철광 등이 1950년대까지 운영됐지만 가야시대 채굴 · 제련 유적이 없다.

반면, 백제의 영역으로 인식돼 오다 지난 1980년대 이후 5~6세기 가야 고분군들이 집중 발굴된 전북 남원시, 장수군 등에서는 엄청난 규모의 제철유적과 유물들이 발견되고 있다.

곳곳이 철을 제련한 슬래그(쇠 찌꺼기)로 뒤덮여 있을 정도이다. 문재인 대통령이 "섬진강 주변 광양만, 순천만, 심지어 남원 일대까지 맞물리고 금강 상류 유역까지도 유적이 남아있다. 가야사 연구 복원은 영호남 공동사업으로 할 수 있어서 영호남의 벽을 허무는 좋은 사업이 될 수 있다."고 한 지역들이다. 특히 장수군은 이들 가야시대 제철유적의 유네스코 세계문화유산 등재를 추진하고 있다. 이러다가는 '철의 왕국 가야'라는 이름을 김해가 아니라 호남 동부지역 가야권으로 넘겨주어야 할 지경이다.

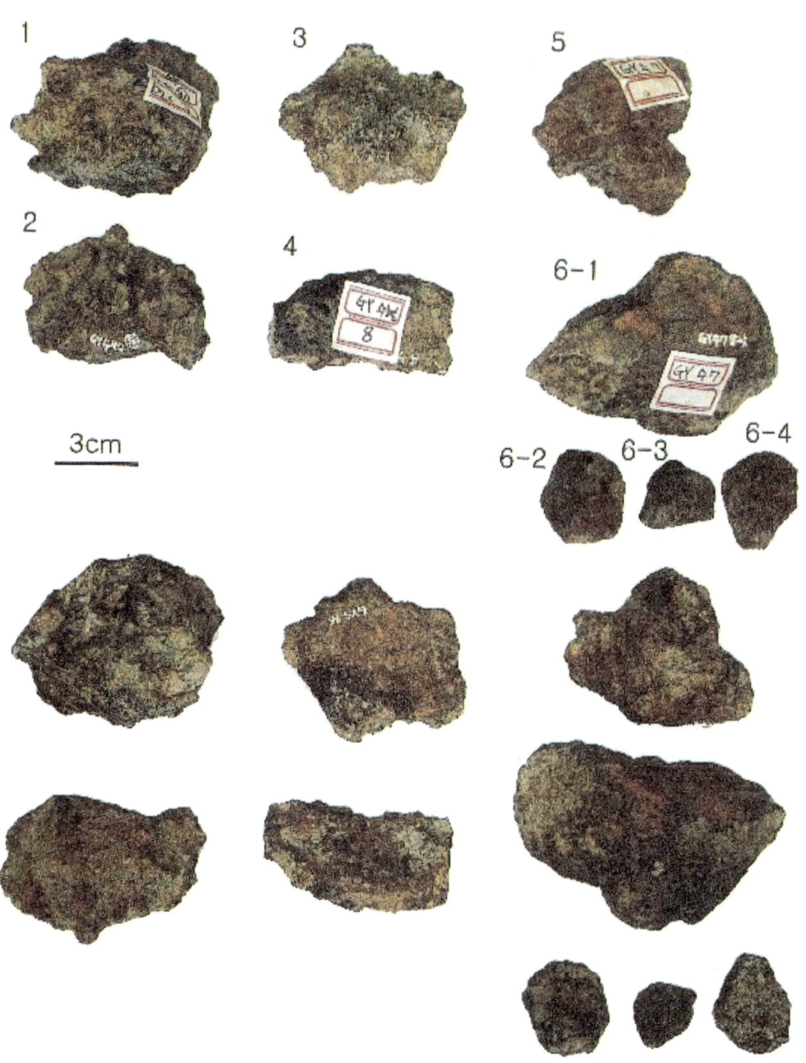


김해 여래리유적에서 수습된 철광석 조각들

## 물금광산이 '철의 왕국 가야' 근원지

'완제품만 있고 공장은 없는' 철의 왕국 가야, 그 수수께끼는 우리 지역 물금 없이는 풀리지 않는다. 알다시피 물금에는 1980년대까지 가동된 물금광산이 자리하고 있다. 1960~70년대에는 국내 최대 철 생산지로 자철광, 적철광, 경철광등 다양한 철광을 채굴해 포항제철에 공급했다.

이와 관련해 지난 2005년 포항제철 산하 산업과학기술연구소는 김해 양동리 고분에서 나온 주조鑄造 철기를 분석, 다량의 비소(As) 성분을 파악해 비슷한 성분 분포를 보인 물금광산의 철광석이 주재료로 사용됐음을 밝혀낸 바 있다. 물금광산이 가야철기의 주공급원이었다는 것이다.

실제로 1997년 물금읍 범어리와 가촌리 일대에서는 제철 관련 유적이 13군데나 발굴되었다. 철광석은 물론 철 생산의 흔적을 확인할 수 있는 다양한 유물도 출토되었다.

물금광산은 입지立地도 뛰어나다. 광산 끝자락이 낙동강과 맞닿아, 무거운 원자재나 가공한 철을 운송하기에 더없이 유리한 여건을 지니고 있다. '해상왕국 가야'라는 이름에도 들어맞는 지형이다. 옛 가락국은 지금의 진해나 부산 명지동에서 바다와 접했지만, 김해에서 진해 방향으로는 여러 개의 산들이 첩첩이 가로질러 있다. 반대로 명지동까지는 곳곳이 습지와 개펄로 이루어져 대형선박이 드나들기 불편했다. 지난 2007년 가야왕궁지로 추정되는 김해 봉황대유적 서쪽 편에서 발굴된 접안시설과 창고시설 등도, 규모로 미루어 '국제항구'로 보기 어렵다.

부산대 윤 선 교수(지질학)는 "김해시 장유면 수가리 패총의 단면과 예안리 고분의 지질, 주변의 해식동을 조사한 결과, 가야시대 해수

60년대의 물금광산

면은 지금보다 5~6m 높았다"고 분석한 바 있다. 그렇다면 당시 낙동강의 수위도 지금보다 훨씬 높아 수운水運에 더욱 유리했을 것이다. 조선시대 지리학자 이중환(李重煥, 1690~1756?)도 『택리지』에서 "물자를 수송하는 데는 말이 수레보다 못하고, 수레가 배보다 못하다."고 수운의 장점을 역설한 바 있다.

물금광산은 철광석이나 제련한 철강을 싣고 가락국 수도 김해는 물론 국내외 어느 항만과도 왕래할 수 있었다. 그러나 여러 기록에서 보듯이 신라와 가야는 황산진에서 수시로 격돌하며 전쟁을 치렀다. 코앞에 국운을 좌우할 물금광산을 두고도 강가에서 영토싸움에 몰두했다는 사실은, 내가 여러 차례 주장한 대로 양산이 그 시대 각국의 분쟁을 조정하는 중립적 외교국가로 자주권을 행사했다는 근거가 된다. 가야는 물금광산의 주인이 아니라 대가를 지불하고 원자재를 구매한 '고객'이었을 가능성이 높다. 가야가 '철의 왕국'이나 '해상왕국'으로 위상을 떨쳤던 것은, 물금의 힘이 그 원동력이었다고 믿어도 좋을 것이다.